「因基督也為你們受過苦，給你們留下榜樣，叫你們跟隨他的腳蹤行。他並沒有犯罪，口裏也沒有詭詐。他被罵不還口；受害不說威嚇的話，只將自己交託那按公義審判人的主。他被掛在木頭上，親身擔當了我們的罪，使我們既然在罪上死，就得以在義上活。」

彼前二 21 下 ~ 24 上

靈修著作精選

當祂甘願被掛在木頭上

默想十架下的11個相遇

二版

包衡、哈特 

陳永財 

基道出版社

▼

靈修著作精選

當祂甘願被掛在木頭上

默想十架下的 11 個相遇

At the Cross

Meditations on People Who Were There

原著

包衡 Richard Bauckham

哈特 Trevor Hart

插圖

弗思 Helen Firth

譯者

陳永財

責任編輯

李慧儀

封面設計

李贊海

內文排版

石依恒

■

出版／發行

基道出版社

香港沙田火炭坳背灣街 26 號富騰工業中心 1011 室

LOGOS PUBLISHERS

Unit 1011, Fo Tan Ind. Centre, 26 Au Pui Wan St., Shatin, Hong Kong

電話：(852) 2687-0331　傳真：(852) 2687-0281

網址：http://www.logos.com.hk

承印

陽光 (彩美) 印刷有限公司

●

10/2000 初版　12/2016 二版

Cat. No. LP743-2

ISBN-10: 962-457-179-1

ISBN-13: 978-962-457-179-0

Originally published by InterVareity Press as *At the Cross*
by Richard Bauckham and Trevor Hart.

刷次	10	9	8	7	6	5	4	3	2
年份	2025	2024	2023	2022	2021	2020	2019	2018	

中文版作者序

很高興知道中文讀者也有機會閱讀我們這本書。近年，在聖安德烈這裏也有一些從華語地方來的學生和我們一起學習，我們很珍惜這些與中國人的聯繫。

我們可以用很多不同的方式探討基督的十字架。在這本書中，我們選擇了一個間接的方式，就是透過一些以不同方式參與耶穌在世最後幾天生活的人來探討這課題。我們選擇的人物彼此之間差別很大，實在很難想像還可能有差異更大的組合。對當代讀者來說，耶穌的故事內涵那麼豐富，部分原因也是由於這些差異。而且要讓耶穌故事的能力深入我們千差萬別的處境，這些差異也是必須的。透過運用想像力思想這些人物，我們可以在耶穌的故事中找到自己，從而在我們自己的生命中重遇祂。盼望這本書可以幫助所有讀者做到這點，並讓他們在默想復活主的同在時，重新發現福音故事的能力。

理察·包衡
(Richard Bauckham)
特雷弗·哈特
(Trevor Hart)
二〇〇〇年七月

譯者序

這本小書雖然只有大約六萬字，但由開始著手翻譯至完稿竟花了七個多月。因為最初答應翻譯這書時，沒有預計自己會有那麼多俗務纏身，而且我一向都需要花很多時間修改譯文。幸好基道出版社給我相當充裕的時間，讓我可以避免因趕工而草率從事。

翻譯這本書的最大得益是有機會仔細閱讀原著。這本書雖然以默想十一位與十字架有關的人物為主，但真正的主角仍然是耶穌。兩位作者透過默想這十一個聖經人物與耶穌的關係，提出了很多洞見。他們對彼得、猶大、伯大尼的馬利亞、抹大拉的馬利亞等門徒的默想給我的啟發尤其多。

我相信這本書有兩點最具爭議性。首先是作者對猶大的看法。他們相信耶穌最終也饒恕了猶大。雖然他們的看法與教會一貫的想法不同（有些信徒懷疑猶大最終是否得救的另一個原因是他死於自殺），但他們提出的論據卻相當有説服力。正如他們指出：「我們所有人都在微小但並非無關重要的地方多次背叛耶穌，而且通常只是為了比三十塊錢少得多的東西。」我想，沒有信徒能否認自己曾背叛耶穌。

另一個富爭議性的地方是作者對「耶穌所愛的門徒」身分的看法。他們認為這門徒並非使徒約翰。雖然大部分信徒都接受這位「蒙愛的門徒」（也就是約翰福音的作者）是使徒約翰，但一直以來都有人持不同見解。*不過，我認為即使我們不同意作者對這門徒身分的觀點，我們仍可以從他們的討論中得益。

由於這本書部分內容涉及一些華人信徒未必很熟悉的西方政治、文化、藝術等，所以我在翻譯時加了一些註釋，希望對讀者理解這書有點幫助。*

---

* 編按：本書作者此觀點在學術界並不陌生，亦多人接受。有關這一看法和書目可參：Brendan Byrne, 'Beloved Disciple',載 *The Anchor Bible Dictionary*, vol. 1, ed. David Noel Freedman（New York, N.Y.: Doubleday, 1992）。

* 編按：本書所有註釋皆為譯註。

這本書雖然是由我翻譯，但最終得以完成卻是許多人的功勞。首先要感謝出版原書的 InterVarsity Press 的編輯 Jim Hoover。我曾兩度就翻譯時遇到的困難透過電郵向他請教，他兩次都很快便給我回覆。基道出版社的編輯李慧儀小姐很仔細地審閱我的譯稿，改正了不少錯誤，也提了一些很好的意見。此外，我的同學鄧健苓小姐也曾給予我幫助。還有我在研究院的兩位老師和一位短期訪港的語言學者也在翻譯過程中給我提意見或幫助我解決了一些困難。但由於他們三人中，一位在本港學術界資歷頗深，在翻譯圈也相當有名，其餘兩位更是國際知名學者，為免利用他們的名氣抬高自己身價，所以在這裏略去他們的名字。我還要感謝陳陽輝弟兄一直以禱告支持我這事奉。雖然在翻譯過程中有那麼多人幫助過我，但這本書的一切錯漏仍然要由我自己負責。

我翻譯《亞當——神的愛子》時，摯友黃俊賢先生曾仔細校閱整份譯稿，提出了很多寶貴的意見，當時沒有機會公開多謝他，謹在這裏一併向他致謝。

陳永財

二〇〇〇年六月

目錄

前言

耶穌雖然是福音書中有關祂受苦及死亡故事的主角，但還有很多其他人物，他們以很不同的方式與耶穌及第一個受苦節的事件有關連。我們可以透過這些人物的眼光看這些事件，藉以想像自己進入這些事件中，從中發現自己，並親自回應那位為我們受苦及受死的耶穌。本書的主題正是十一位這樣的人物。我們希望透過思想耶穌及祂的十字架如何觸動這十一個人的生命，讀者能夠發現耶穌及祂的十字架以新的方式或新的深度觸動他們自己的生命。

福音書對這十一個人物的描述詳簡不一，但有關他們每個人的資料都足以令他們顯得有血有肉，只要我們願意運用想像力，透過福音書的描述，進入他們身處的環境。福音書的敘述方式刻意留下廣闊的空間給讀者發揮想像力。那些作者只記錄必不可少的情節，從而邀請讀者參與描述這些故事。運用想像力思想福音書中的人物可以刺激我們認真地思想自己的生命。

這本書並非單單寫來給人們閱讀。在每一章的開頭，我們會標示出一段或數段聖經經文。每一章的內容都是圍繞這些經文寫成的。你可能希望在閱讀每一章時或讀完每一章後重看這些經文。本書的內容可以引導你踏上反省之路，你也可以重看這些經文，繼續思想下去，並親自與他們展開對話。在每一章結尾，均有「祈禱及反思」的部分，其中包括一個祈禱或默想，你可以藉這部分開始自己的祈禱。這部分也可能包括一兩篇引自其他作者的文章，我們選錄這些文章的目的是刺激你反思。每一章也附有一幅刻畫該章主角的圖畫（由海倫·弗思〔Helen Firth〕雕刻的版畫）。我們選這些版畫是要幫助你默想每一個人物，讓你可以運用你的想像力進入這些人物的故事。我們希望你不單思想這些文章，也花點時間看這些圖畫。

這本書是從我們在一九九六年和一九九七年在蘇格蘭聖安德烈（St. Andrews）的聖安德烈教堂

（St. Andrew's Church）帶領的受苦節崇拜發展出來的。我們很感激教區長鮑勃．吉利斯（Bob Gillies），他邀請我們帶領這些崇拜；我們也很感激那些以不同方式參加這些崇拜的會眾，以及那些以讚賞來鼓勵我們寫這本書的朋友。

1

伯大尼的馬利亞

值得記念的女人

讀經：馬可福音十四3～9；
約翰福音十一55～十二8

✝

耶穌往十字架的路究竟從哪時開始？我們可以説是遠從祂受洗那時已經開始，也可以説是從較後期登山變像時開始。那時耶穌開始教導祂的門徒，神要祂走的路會帶來苦難、厭棄和死亡，但門徒並不明白，也不想知道。我們也可以説耶穌往十字架的路是從祂最後一次出發到耶路撒冷開始的。但耶穌在逾越節筵席前六天抵達伯大尼時，所有認識祂的人都清楚知道，耶穌正踏上足以致命的危險路途。

伯大尼與耶路撒冷只有一山之隔，耶穌經常到那裏與祂的朋友拉撒路、馬大和馬利亞一起。祂最近一次到那裏是在幾個星期前。那次祂應馬大和馬利亞的要求到那裏，還使她們的兄弟拉撒路從死裏復活。其後祂一直遠離耶路撒冷，因為那時大家都很清楚那裏的猶太領袖已決定要拘捕祂。當耶穌使拉撒路從死裏復活的時候，耶路撒冷對祂來説已是一個相當危險的地方。祂使拉撒路復活後，情況更形惡劣。那個奇蹟廣為人知。那些祭司都擔心祂在人羣中的聲譽會引起嚴重的政治問題。他們計劃如果耶穌再到耶路撒冷便將祂處死，他們預計祂會到那裏過逾越節這個猶太人最重要的節日。在節日前一個星期，那些朝聖者湧到這城市及鄰近地方時，有關當局已經讓所有人都知道，他們正在通緝耶穌。任何人如果見到祂，都應該向他們舉報。

耶穌和祂的門徒抵達伯大尼時，祂的朋友第一件告訴祂的事一定是祂已身陷險境。他們接待耶穌到家裏時，不單是款待祂，更是窩藏一個通緝犯。毫無疑問，他們設法將祂的到訪保密。毫無疑問，他們也知道自己窩藏通緝犯的處境有多危險。毫無疑問，與耶穌一起的門徒也十分清楚他們的處境有多危險。所以，在耶穌抵達耶路撒冷那天晚上，這個伯大尼的家庭設宴招待祂時，情勢十分兇險，席間也籠罩著緊張的氣氛。或許有些門徒會感到相當刺激。他們沒有預計耶穌會被拘捕；相反，他們預期耶穌會召集天兵，以超自然力量接管耶路撒冷。那些比較了解耶穌的門徒卻感到害怕，並有點不祥的預感。他們多月以來為之獻身的偉大事業將會以悲劇告終。那個他們為之獻上自己一生的人正冒著生命危險，愚蠢地、魯莽地、令人難以理解地走向死亡陷阱，但卻沒有人可以阻止祂。

對馬大和馬利亞兩姊妹來說，這頓飯十分特別。耶穌救活了她們的弟弟，有恩於她們，她們想向祂表達謝意。這是一個值得高興的聚會：為拉撒路復活而高興，也為使拉撒路復活的耶穌回到她們那裏而高興。但所有高興的感覺或愉快的表現都因為她們覺察到這次可能是耶穌最後一次與她們一起而蒙上陰影。毫無疑問，翌日早上，耶穌會走過橄欖山進入耶路撒冷，那時祂很可能會被拘捕。

馬大比較實際、比較盡責，很可能是兩姊妹中較年長的一位。她以頗為傳統的方式向耶穌表達她的愛和感激——侍候客人進餐。雖然她很可能有僕人，但仍親自侍候客人進餐。這是一種表達謝意的方式，毫無疑問，這方式得到認可，也贏得讚賞，沒有人會感到奇怪。但馬利亞這位不那麼傳統的妹妹，卻經常以與傳統完全不同的方式作耶穌的門徒，她正要做一件大部分在場的人都會不同意，甚至會感到憤怒的事。

要明白馬利亞所做的事，我們需要知道當時的人傳統上是怎樣向客人表示歡迎及禮貌的。客人來吃晚飯時，主人要做的其中一件事是給客人洗腳。客人穿著露趾涼鞋在中東的路上走了一整天後，雙腳又熱又髒，更帶有臭味，實在需要清洗乾淨。這件卑賤及頗令人厭惡的工作通常是由僕人做的。如果沒有僕人，主人會提供清水及毛巾，讓客人自己洗腳。沒有人會期望主人會親自替客人洗腳。另一件主人會替尊貴的客人做的事，是用芳香的油膏客人的頭，那時的人用那種油就好像我們今天用肥皂一樣。

馬利亞做甚麼呢？她為耶穌做這兩件事，但其誇張及奢侈程度卻令其他客人咋舌。她以一瓶很昂貴的香膏膏耶穌的頭。這種香膏來自遙遠的喜瑪拉亞山脈（Himalayas），在古代世界是十分昂貴和罕見的，可謂價值連城，它的價錢足以維持一個家庭一年的開支。載著香膏的瓶子也相當珍貴，是用雪花石膏[1]做的，瓶子經特別設計，將香膏保存在瓶內，要打破瓶頸才能釋放出香膏的香味。但馬利亞並不單將香膏倒在耶穌頭上，更用那香膏替耶穌洗腳。她親自替耶穌洗腳，沒有讓僕人代勞；她沒有給耶穌清水及毛巾，而是用芳香的膏油替祂洗腳，並以自己的頭髮擦乾祂雙腳。

馬利亞甚麼話都沒有説。這方面，她依從了當時社會的習俗。在這樣的場合，女人不應該在男人談話時插嘴。但馬利亞絕對不會被社會習俗限制，她所做的遠遠勝於她可能想到的任何話。她以絕對反傳統的方式做很傳統的事。她以極反傳統的行動表達她對耶穌深厚的愛。她想表達的心意要求她做一些足以達到這目的的事。耶穌也明白這點。祂珍惜並欣賞她所做的事。祂説，無論在甚麼地方傳揚福音，馬利亞所做的事比她可能説的任何話都更值得記念。

---

1. 雪花石膏（alabaster）：一種看起來像大理石的軟質白石，通常用以製作裝飾品。

馬利亞究竟表達了甚麼呢？是她對耶穌的愛及感恩嗎？是的，但不僅如此。正如所有在場的人一樣，馬利亞知道耶穌快要死了，而且她可能比其他人知道得更清楚。馬利亞分享那場合的歡樂；也分擔那不祥的預感，感受到那亦苦亦甜的氣氛。她那樣誇張地表達自己對耶穌的委身，是因為這可能是她最後一個可以這樣做的機會。這是她可以為耶穌做的最後一件事。她彷彿為了安葬耶穌而膏祂，因為她知道這事很快便會發生。她藉著為耶穌做的這最後一件事，向耶穌傾出自己的愛，就好像喪親的人不惜花費金錢、心力為他們所愛的先人預備葬禮一樣，因為這是他們表達對死者的愛的最後機會，也是惟一的機會。所以耶穌說：「她在我身上作的，是一件美事……她所作的，是盡她所能，她是為我安葬的事，把香膏預先澆在我身上。」

馬利亞的行動最重要的一點是：她這樣做表明她接受耶穌將會死。或許在所有一起吃這頓飯的門徒中，她是惟一接受耶穌會死的人。她沒有想過要嘗試說服耶穌不要到耶路撒冷；她沒有想過神會救耶穌脫離死亡，就如一些門徒所想那樣；她沒有想過嘗試救祂脫離死亡，就如彼得稍後所會做的那樣；

她沒有想過耶穌的死是可以避免的。她預計耶穌會死，也接受這事。因此，她那樣誇張地表達她的愛意差不多等如為安葬耶穌而膏祂的軀體。當然，她對耶穌的愛並不比其他門徒少，她也不明白耶穌為何會眼睜睜踏上幾乎可以肯定是必死無疑之路。正如其他門徒一樣，馬利亞也不明白為甚麼神的旨意是要耶穌死，她只是知道耶穌完全接受自己的死是祂要完成的使命。她不明白，但卻不懷疑也不阻止耶穌選擇這條路。她對耶穌的愛令她直覺到耶穌信服神的旨意，她也像耶穌一樣接受這旨意。因為祂知道自己必須這樣做，她也接受祂必須這樣做。

這解釋了為甚麼馬利亞這樣重要，也解釋了為甚麼人們應該記念她。

這也解釋了為甚麼耶穌那樣讚揚她，祂所説的有關其他人的話完全不能跟這些話相比。祂説：「我實在告訴你們，普天之下，無論在甚麼地方傳這福音，也要述説這女人所作的，以為記念。」她所做的事要作為福音故事的一部分來傳揚，因為這事觸及福音的核心。這事預示了耶穌的十字架。在所有門徒中，只有馬利亞看到十字架是耶穌必須接受的命運，也是神命定的命運。

所以，我們也應該以馬利亞的洞見來看待十字架。像馬利亞一樣，我們可能不明白為何需要這樣，可能稍後才會明白多一點，但我們必須像馬利亞一樣，開始接受這事實：耶穌接受十字架是祂必須走的路，是天父對祂的旨意，也是神對我們的旨意。耶穌為了拯救我們，必須代我們走這條路。從人的眼光看，耶穌不應該死，祂的死是不公平、不對的，那是冤死。我們也明白這點。不過，耶穌接受這不公義的死，作為祂對天父順服的必然結果。假若我們像馬利亞那樣，將自己的愛獻給耶穌，嘗試進入耶穌為了我們順服至死那神祕而必須的順服中——我們在探討十字架這問題時，一定要以此為出發點。

我們已經留意到在這頓飯中，圍繞在耶穌身邊那些人的複雜感情。因為耶穌與他們一起，祂在伯大尼的朋友感到很高興，但同時也覺察到會有危險，預料會發生不幸的事。馬利亞的行動對應著這氣氛：既表達了因為有耶穌同在的歡樂，也預示了耶穌的死亡。她以香膏來表達這兩種感受。對當時的人來說，味道香甜的油或軟膏有兩個功用：在喜慶時，那芬芳可以表達歡樂，提升人們的情緒，舊約稱這些香油為「歡樂之油」；但人們也用這類香油來膏抹死者，替屍體防腐。在這情況下，那香味會掩蓋屍體的惡臭，安慰喪親者的心。馬利亞將她那瓶無價的膏油傾倒在耶穌身上時，約翰的敘述提醒我們，在想像當時的情景時，要將自己的嗅覺也帶進去。他説：「屋裏就滿了膏的香氣。」從字義上及隱喻上説，馬利亞的行動都改變了當時的氣氛。以這樣的方式接受耶穌的死，誇張地將她對耶穌的委身傾倒出來接受祂的死，馬利亞以她的愛驅走危險及不祥之兆。當然，她不能使耶穌將要面對的死亡變得不那麼可怕，死亡的惡臭是死亡不可避免的事實。但愛的芬芳轉化了這事實。因為馬利亞憑直覺感受到那驅使耶穌甘心赴死的偉大的愛，她以自己的愛回應耶穌，擁抱那痛楚。歡樂及其反面仍然存在，將有所失的預感也仍然存在。但馬利亞對耶穌的愛擁抱這兩方面，那芬芳充滿全屋。

不過，部分在場的人只想到馬利亞這樣做很浪費。他們看不到她那破費舉動的正面價值．她想利用這最後機會表示她對耶穌的全然委身。但那些人卻以傳統的負面眼光看她那破費的舉動──「何用這樣枉費香膏呢？這香膏可以賣三十多兩銀子賙濟窮人。」我們也會有同感。在耶穌時代，猶太人其中一個令人欣賞的虔誠表現是賙濟窮人。耶穌自己也向那自稱守了所有誡命的年青財主說，他只缺少一件事，就是變賣所有，將錢分給窮人。但現在，在伯大尼的晚飯席間，耶穌卻拒絕接受這個對馬利亞行動的投訴。祂說：「由她吧……她在我身上作的是一件美事。因為常有窮人和你們同在，要向他們行善，隨時都可以，只是你們不常有我。」

耶穌當然明白那些反對的人只是想嚴厲批評馬利亞的行動，他們根本看不到這行動的意義。那意義是：「常有窮人和你們同在……你們不常有我。」馬利亞接受耶穌快要死，對這事作出回應。反對的人想她表現得像平時一樣。他們自己沒有真正接受耶穌的死，所以看不到是甚麼驅使馬利亞在仍有機會時為耶穌做她可以為祂做的事。

馬利亞看見的這個情況是很特別的，但其他人卻看不到。耶穌已接近祂世上生活的尾聲。那情況不會重複出現，正如耶穌自己所說：「你們不常有我。」但我們卻沒有別的選擇。我們不能將可以給窮人的東西給耶穌，不單因為耶穌的肉身並不在這裏，我們不可以花錢在祂身上，而且還有更深刻的原因。馬利亞所接受的十字架之路，帶領耶穌進入祂與窮人最深的契合中。耶穌僅有的財產也被奪去，祂被人輕蔑厭惡、被排除在社會以外、被殺害、受死，從祂的死亡陷入世上最不幸的光景中。祂與我們所有人認同，而且特別與那些最不幸的、受苦的、缺乏的、貧窮的人認同。

跟隨十字架的路是要與貧窮的人進入更深的契合，而這契合比單在需要時給他們金錢更進一步。跟隨耶穌走十字架之路是進入耶穌與最窮困的人的契合中。像馬利亞一樣，接受祂的死，就是接受祂與窮人的契合。現在，要像馬利亞那樣全然地獻身給耶穌，就是愛那些祂特別與之認同的窮人。我們不用決定將我們所有的給耶穌還是給有需要的人，因為耶穌自己説過，給飢餓的人吃飽，給赤身露體的人穿衣，探望病了或在監裏的人：「這些事你們既作在我這弟兄（或姊妹）中一個最小的身上，就是作在我身上。」（太二十五40）

毫無疑問，我們應以馬利亞那樣不尋常的愛去愛耶穌，回應神無限的愛，我們在耶穌為我們的死中遇到這無限的愛。透過愛耶穌及接受祂的死，我們會發覺自己更深地進入神的愛，以愛與窮人、有需要的人、受苦的人認同。經常有窮人與我們同在，耶穌也經常與我們同在，耶穌就好像窮人的兄弟般與我們同在。

一個禱告

主耶穌，

我們記得伯大尼的馬利亞，

她比任何人更明白

那將祢帶到十字架的

捨己之愛。

藉著她，我們看見——

祢全心順服天父的旨意，

全心愛我們所有人，

並因此步向死亡。

藉著她，我們接受——

祢的死

是祢獻上自己為禮物，

也是神以自己為禮物

送給這世界。

藉著她，我們希望——

將自己
奉獻給祢，
及祢的十架路。
求祢賜我們——
那毫不計較而不尋常的委身，
以祢的愛散發的芬芳，
充滿我們
及其他人的生命。
讓我們的心向窮人敞開，
這些人時常與我們一起，
祢也藉著他們時常與我們一起。

〈在同伴中——耶穌與那膏祂頭的女人〉

珍妮特．莫利[2]

在同伴中，我獨個兒坐著，
死亡之手抓著我；

2. Janet Morley, 'In the Midst of the Company: Jesus and the Woman Who Anointed His Head'.

我心裏感到寒冷，

我的神遠在他方。

我母親是為了這恐懼懷有我嗎？

我是為了受這痛苦而來嗎？

她的子宮是為了那塵土而滋養我嗎？

她的乳房是為了讓我喝那苦杯嗎？

但願我所愛的人抱緊我

將我擁在她臂彎中；

但願掌管黑暗的神能安慰我，

但願這苦杯離開我。

我孤獨一人，她卻來到我這裏；

當我毫無希望，痛苦也得不到安慰時

她在我身旁；

在墳墓的陰影下她使我復元。

我的杯滿載叛逆，

但她灌之以美酒；

我的面因恐懼而充滿汗水，

但她以油膏我，

使我的頭髮也滲滿沒藥。

她愛中飽含的芬芳環繞我；

使我承受不了。

她帶著權威輕撫我；
從她手中我得到力量。
因為她代表那些破碎的人行動，
她的沈默正是那些備受忽略者的聲音。
雖然很多人對她議論紛紛，我卻要讚美她；
我會以那些不被記念的人的名義，
記念她。

加略人猶大

出賣耶穌的人

讀經：馬太福音二十六 14 ~ 16、47 ~ 50，二十七 1 ~ 5

赫爾姆．西亞歷奇（Helmut Thielicke）說過一個故事。一個在希特勒第三帝國[1]的黑暗日子中生活的人，立場堅定地反抗國家社會主義[2]政府和這政府所代表的一切，終於被拘捕。他被關進監獄，單獨囚禁了一段很長的時間，忍受不斷的鞭打及折磨。那些拘禁他的人想逼他招認某些事，以便將他定罪。幾個月後，他獲無罪釋放。他疲倦、身體虛弱、營養不良，但仍然不屈不撓，像從前那樣激烈

1. 第三帝國（Third Reich）：指希特勒（Hitler）統治下的德國（1933 ~ 1945）。
2. 國家社會主義（National Socialist）：即納粹主義，希特勒在一九三三至一九四五年間在德國推行的極權主義運動。

對抗那極權國家。但在他獲釋後兩個星期，人們發現他在住所的頂樓吊頸自殺。那些有興趣跟進這事的人感到奇怪，為何他最終竟完全失去力量及勇氣。但了解他的人卻知道原委。他有一個驚人的發現，原來告發他，將他交到納粹黨人手中的人竟然是他的兒子。他所愛的人對他的背叛終於完成了政府暴行也做不到的事。

出賣的本質包含一種痛苦，就是被一個自己所愛或信任的人送進危險或困難之中，它帶來的痛苦比任何肉體的痛苦更深，無論那肉體的痛苦有多深。心靈裏的密室被侵害，沒有任何現成的防衛方法。被敵人強加的痛苦是一回事，被朋友或自己所愛的人強加的痛苦卻很不同。

因此，或許毫不奇怪，新約聖經將那個人們最記得的人，也就是出賣了耶穌、將祂交給當局、促使祂被捕、受審及被處死的人，描繪得相當黑暗。由始至終，福音書作者對他的描述都表現出毫無顧忌的厭惡。他們描述他與耶穌及其他人的故事時，都因為他們知道他最終出賣了耶穌而帶有偏見。他們似乎無法忽略或忘記他的背叛行為所造成的傷痕。甚至有記載說耶穌曾經就那會出賣祂的人說了一些語氣很重的話：他是魔鬼，是地獄之子，他不生在世上倒好。猶大的故事以可怕的恥辱和羞恥，以及因絕望而自殺結束；他無法接受自己的行為帶來的結果，被罪疚感及絕望纏擾，悲慘孤獨地死去。

我們應怎樣看這個人物呢？我們對他應有甚麼感覺呢？厭惡？憤怒？怨恨？或者，我們是否有理由為他感到難過，覺得他受制於環境，被別的、更邪惡的力量利用，他的命運不應該像歷史記載那樣？神又怎樣看他呢？在神心目中，這個將祂的獨子交給別人釘十字架的人有沒有任何地位呢？傳統以來，大部分人都認為他在神心目中不會有任何地位。但丁[3]為猶大想像了一個永遠的歸宿，就是地獄的最底層。那裏沒有火或硫磺，只有寒冷及冰凍，那裏不是為那些犯了情欲罪行的人預備的，而是為了專為自己而故意拒絕神的愛的人預備的。我們應否贊同這樣評價猶大呢？

3. 但丁：全名Dante Alighieri（1265～1321），意大利詩人，文藝復興運動先驅。作品具人文主義思想，早年參加反對封建貴族和教皇的鬥爭，後被判終身放逐。代表作有抒情詩《新塵》及史詩《神曲》等。

這些問題相當有份量，但任何答案都只能是探索性、推測性的設想。不過我們似乎應該也需要處理這些問題。

猶大的罪肯定是十分可怕的。福音書作者對他的評價是完全直率的。用路加的話說，猶大是：「那成了出賣者的人。」他屬於那類歷史人物，人們只因他們生命中一件悲劇性事件而記得他們。猶大的背叛確定了他的身分。我們對他其他的事知得很少。例如，我們不知道他童年是否艱苦，他在學校裏的成績怎樣，他父母有沒有給他起乳名，或任何其他種種構成一個人複雜的一生的事情。對於猶大過去的種種，我們所知道的只局限於他在復活節前一星期發生的事中扮演的角色。在那個重要的晚上，猶大從最後晚餐的席上離開，帶聖殿的守衛到耶穌那裏。

在有關耶穌受苦的故事中，猶大的行為賦與自己一個被人們一再講述及加強的身分——加略人猶大，出賣自己老師及朋友的人。他創造了這個角色後，發覺自己不能接受這角色。無論他如何多次努力逃避或補救，他都不能面對那痛苦，要終生被別人以這個背叛行動來識別他，縱然他想將這行動從自己的記憶及歷史中抹去。他看不到有甚麼方法可以超越他那不可逆轉的背叛行為，以及這行為似乎會帶來的死亡及黑暗。

如果我們只透過這次背叛行動來認識猶大，對他實在有點不公平。我們應該留意，他並不單單等同這可鄙的時刻。我們每個人都不是只等同於自己最邪惡的行動，無論那些行動看來多麼「自然」。不過，猶大的行動無論多麼富悲劇性，總是邪惡的。有誰知道在他心裏，他認為自己與猶太當局合謀會帶來甚麼後果？他後來極其懊悔，顯示他並沒有預期耶穌會受到審訊及被處死。或許，為了安撫自己的良心，使自己心靈得到平靜，他沒有讓自己面對那問題，只想像最能讓人容忍的結果。但我們不應太快認為猶大有高尚的動機，或者輕易相信他，以求減輕他這行動的嚴重性，因為無論以甚麼標準來說，這行動都是可鄙的。猶大蓄意將耶穌及自己的朋友交給他明知是敵對他們的人，而這些人必定會對他們不利。這樣的行動至少也是妄顧朋友的安危，嚴重的話，更是故意置他們於險境。無論我們怎樣看，都不能輕易放過猶大。他的行為實在是邪惡的。

矛盾的是，按照同一個貶低猶大的基督教傳統，他的行動卻也是必須的。一定要有人出賣耶穌。一定要有一個背叛者、一個勾結者。福音書情節的結構也這樣要求。在往耶路撒冷的路上，耶穌說：「人子會被交給人釘十字架。」我們很容易忽略那幾個在提到死亡前的字，因為基督徒思想救恩時，通常都會集中在耶穌的死上面，但只有在留意更大的背景時，這個焦點才對我們有幫助。耶穌不單談及死亡，祂也提到被交給人處死。這「送交」或「交給」是一個必要的部分，為耶穌的死帶來特別的重要性及特質。

從耶穌受苦故事的高潮，我們可以清楚看到，對耶穌來說，十字架絕不單是肉體上的痛苦，還包括靈性上及關係上的痛苦。祂需要自願深深地體驗人被神棄絕的痛苦。在各各他的黑暗時刻，那成為人的神子感受到與祂的父分離的痛苦。我們必須假定，那痛苦的嚴重程度是與祂們之間關係的密切程度成正比例的。那人們稱為從十字架上發出的被遺棄呼喊（「神啊，你為甚麼離棄我？」）直接刺入耶穌在受苦節所忍受的痛苦的核心。那可怕的矛盾是，在實際上祂與神最親近，最清楚地依從祂天父的旨意而行時，祂卻感到自己被交給別人、被遺棄。但為了我們，祂仍順從地忍受那被交給別人處置的痛苦。

耶穌所指的彌賽亞的命運並不單是死亡，也不單是以那樣可怕及屈辱的方式死，而是在被「交給別人」的處境底下死。在神子與祂的天父之間發生的這事，與從人的角度看猶大的行為是背理地平衡的，十字架上的痛苦也源於此處。受苦的彌賽亞也是以馬內利，神成肉身在我們中間，祂經歷被出賣帶來的深刻傷害，這傷害比肉體的折磨更能打垮人的精神。在某種意義上，我們可以說，自從神創造了能夠愛、能夠建立友誼、因而也懂得出賣別人的男人和女人後，他們便不斷背叛祂。但現在神對此有更深刻的領悟，祂從人的角度了解一個人被另一個人出賣的感受，體驗被背叛帶來的痛苦及苦惱。透過猶大不知情但卻存心合作而干犯的罪行，神將自己交給別人殺害。

約翰在他的福音書說：「他到自己的地方來，自己的人倒不接待他。」相反，祂自己的人激烈地拒絕祂，將祂交給羅馬人釘十字架。在神與祂的人交往的這一刻，猶大代表了所有同意將耶穌殺死的人，從那些串謀害祂的宗教領袖到那些在一夜之間由高呼「和撒那」變為高呼「釘他十字架」的善變羣眾。猶大的行動是那交往的一部分，是耶穌知道會發生在祂身上的整件事件的一部分。所以猶大來到客西馬尼園時，耶穌既不感到驚訝，也不感到恐懼。祂一直在等待這一刻並且上前迎接猶大。約翰告訴我們：「耶穌知道將要臨到自己的一切事。」猶大出賣耶穌，只是因為耶穌自己願意被交給別人。事實上，耶穌將自己交給別人有很重要的意義。儘管祂預知猶大會出賣祂，很容易便可以指出誰是叛徒，叫其他門徒抓著他。但祂仍讓猶大在夜間出去，做他要做的惡事。猶大差不多可説是一個裝飾性的人物。要讓故事成形，必須有一個叛徒，但卻不一定要是猶大。他只是代表了所有人類與生俱來的習性——在神的兒子靠近我們時拒絕祂，將祂交給別人釘十字架。

福音書用來形容猶大的罪行那個字，與新約聖經其他地方用來形容神讓自己的兒子受死，以及神子為了我們將自己交給別人處死是同一個字，這絕非巧合。那個字是 *paradidōmi*，意思是「交付、交出、出賣」。從人的角度看，猶大的行為是冷酷地出賣一個愛他的人；但從更寬闊的神學的處境來看，他的行為在道德層面上雖然不能得到原諒，但卻應被看為必須發生的事，也是神為了赦免屬祂的人的罪行而故意使其發生的事。

正如路加在使徒行傳第一章提醒我們那樣，猶大是十二個門徒之一，是耶穌呼召出來傳揚福音的人，他要交出或交付（用的是同一個字）一個信息，就是耶穌的受死及復活，以及隨之而來的赦罪。我們可能認為當他出賣耶穌時，他也背叛了這福音的源頭；不過我們也可以這樣看，即使是這幽暗的行動，也有助成全福音的源頭。在猶大自我譴責的悲劇性時刻，他符合了神的目的，就是藉此不再將那些在基督耶穌裏的人定罪。似乎猶大的背叛行為是神可以依仗的。而猶大沒有令神失望。

雖然福音書不斷用出賣耶穌這污名來描繪猶大，而這污名早已加諸他身上，而且約翰福音也說他在管理使徒的錢袋方面不值得信賴（「我一直都認為他有點詭詐！」這難道不是因為一個人犯了一個可悲的錯誤後，便只看他最壞的一面嗎？），但在猶大早期的事迹中，沒有多少證據顯示他會做出這樣卑劣的事。就這件事，門徒似乎沒有輕率地作任何結論。有關最後晚餐的記載清楚表明，耶穌預料有人會出賣祂時，門徒陷入一片混亂中，他們一個接一個問耶穌：「主啊，是我嗎？」結果證實是猶大，但在這事發生之前，沒有迹象顯示結果會是這樣。

雖然猶大出賣了耶穌，但在那一晚發生的一連串事件中，他並非惟一拋棄耶穌或令耶穌失望的人。他只是第一個這樣做的人，或許我們也認為他是最壞的一個。但我們不要忘記，在耶穌被捕時，所有門徒都害怕得四處逃竄。即使彼得也不例外，雖然他曾公開發誓說他寧願死也不會離開耶穌，但面對當時的環境，他的決心崩潰了，他甚至三次不認他的老師。彼得不認耶穌，後來又感懊悔；猶大出賣耶穌，後來也感懊悔。這兩件事其實極為相似。但猶大做了彼得可能也想過要做的事——自殺而死。因此，他見不到復活的基督，也不能發現雖然他罪大惡極，但神卻利用他的罪推動自己救贖人類的計劃。我們可能會想，如果耶穌復活後在海邊時，猶大也在那裏，耶穌會對他說些甚麼話？

我們至少可以說，無條件地賜給彼得及所有肯接受者的赦罪之恩也會賜給猶大。他的罪無疑很嚴重，但不會嚴重得使神的愛也不能達到他那裏。或許，我們不能說得更多。但我們必定要這樣說。因為如果猶大毫無盼望，我們任何人也沒有多大盼望。我們都各自在微小但並非無關重要的地方多次背叛耶穌，而且通常只是為了比三十塊錢少得多的東西。

路得·埃切爾斯的〈猶大樹之歌〉[4]會帶領我們更深入思想這個主題。詩歌想像耶穌和猶大死後的關係，諷刺的是，當猶大和耶穌各自被掛在樹上時，猶大比任何其他門徒與他的主更親近。

4. D. Ruth Etchells, 'Ballad of the Judas Tree', 引文見本書頁35。

〈猶大樹之歌〉

埃切爾斯

地獄裏有一棵猶大樹，
猶大在那裏上吊而死。
因為他不忍看見，
他的主被釘十字架。
我們的主下降到地獄，
在那裏找到祂的猶大，
一直掛在那棵從他自己的
絕望中生長出來的樹上。
耶穌把樹斬斷，放下猶大，
把他抱入懷中。
祂說：「我為此而來，
並非要加害於你。
我父賜了十二個好人給我，
我沒有失落他們任何一人。
雖然其中一個背叛我，另一個不認我，

有些人逃走，其他人睡著了，

但我必須在三天內回去，

使他們高興。

不過我要先到地獄來，

分擔你的死亡，

在你的樹那裏會長出我的樹，

樹的根也在這裏。

如果我不從地獄救出這靈魂，

便不會有最後勝利。」

因此，當我們譴責他，

說他是最壞的叛徒時，

不要忘記，在眾人中，

我們的主最先饒恕的，是他。

貝魯特 一九八七年一月二十日

特里．韋特[5]

我醒來時已是黃昏。我在床上躺了一會，慢慢

5. 這篇引文的作者特里．韋特（Terry Waite）是英國聖公會坎特伯雷大主教（Archbishop of Canterbury）的特使。他受委派與俘虜了一些西方人作人質的伊斯蘭組織談判。一九八七年一月二十日，他突然在黎巴嫩失蹤，直至一九九一年十一月十八日才獲釋。本文記錄了他失蹤那天發生的事。

地、不情願地回到現實世界。四周靜得有點不尋常。一陣微風吹拂著酒店褪色的窗簾，帶來大海的氣息。大廈某處有人開了水喉，使我浴室的水管也呼呼地響起來。我將雙腳放到床邊，走到窗旁。街外的人行道上，小販已停止營業了。只有那些記者仍然留下。他們坐在防波隄上，一邊抽煙，一邊閒談，像朝聖者等待奇蹟般守候著。我關上窗，放下窗簾，將夕陽的餘暉也擋在外面。我已執拾好，準備起程到倫敦，現在再檢查一下自己的衣袋。除了一本空白的記事簿和一枝原子筆外，衣袋裏甚麼都沒有。我掙扎著應該戴上結婚戒指，還是把它鎖在公事包內，終於決定戴上戒指和手錶。我把小小的收音機調校到英國廣播公司（BBC）的國際新聞電台，國際新聞會準時播放，讓我可以與本國聯繫。當我正在把收音機平穩地放在公事包上，等候我熟悉的「利利布蕾諾」[6]旋律時，有人敲門。我把門稍為打開，僅僅能看到是誰在敲門。正如我所料，是我那位屬德魯茲教派[7]的保鏢。

---

6. 利利布蕾諾（Lillibullero）：在英國一六八八年革命時流行的一首歌。

7. 德魯茲教派（Druze）：一個以尚武著稱的中東伊斯蘭教派。信徒散居敘利亞南部、黎巴嫩、以色列和約旦的農村。

「先生，準備好了嗎？」

我請他進來，關掉收音機，作最後檢查，所有東西都執拾妥當了，我只需幾分鐘便可以拿起袋子到機場去。我從椅背拿起一件黑色的皮外套。我的保鏢在貝魯特花了幾天時間才替我找到這件合身的外套。我再次檢查自己的衣袋—— 只有一枝筆及一本記事簿。我的保鏢指著床上一件避彈衣。

「你不打算穿上避彈衣嗎？」

我搖了搖頭。如果綁匪中任何人想殺我，他們與我距離那麼近，大可以向我頭部開槍，避彈衣根本沒有用。我看了房間最後一眼，然後走到門口。幾個保鏢站在走廊，全部均配備了自動武器。我們走向升降機那裏。一個胸膛像啤酒桶般的保鏢推開升降機門。

「我們從地庫離開吧。」

那古老的升降機穿過河畔酒店（Riviera Hotel）褪色的榮耀緩緩下降。到達地庫時發出輕輕的響聲，然後機門戛然打開。兩個保鑣走在我前面，另外兩個則在我後面。我們穿過地下的窄巷，走到一條橫街。我拉起衣領，縮進外套內。路上滿是坑窪，滿佈磚塊及一片片的混凝土。我們到達汽車那裏時正下著雨。我擠入後排座位，保護我的德魯茲教派伊斯蘭教徒圍繞在我身旁。我們的車駛離酒店時，我看見那些記者仍滿懷希望守候在那裏。幾分鐘後，我們已到了一條很接近貝魯特美國大學（American University of Beirut）的街上。車子停下來，我與那些保鏢握手道別。

「謝謝你們幫忙。無論發生甚麼事，千萬不要試圖跟著我。」

他們露出燦爛、友善而帶點流氓氣的笑容。「小心點。」

我走出車外，看著他們離開。四周一片漆黑，除了停泊了幾輛車外，街上甚麼也沒有。我聽到從遠處傳來的炮火聲，貝魯特這夜又會有大屠殺。這時，正下著連綿的雨。我快步走到街上，沒有左顧右盼，經過油站、公寓，逕直走向約定的地方。正如約定那樣，大門虛掩。我把門推開，走到屋內。黑暗中，一雙眼睛躲在守門人的房間，透過門隙注視著我。我將目光逕直投向那雙眼，房門徐徐關上，彷彿有人用遙遠控制般。我走入升降機，上升到我的中間人摩羅伊醫生（Dr. Mroueh）的公寓。他在這大廈佔了兩間公寓，一間用作診症室，另一間用作居所。我一按門鈴，他便打開門，邀請我到他的書房。

「特里，你好。很高興再見到你。」

他神色緊張地微笑著點起他的煙斗，我則向四周張望。一切都沒有改變，那裏仍擺放著那張用鉻及玻璃做的桌子和那些皮椅子，牆上還掛著鑲有框架的證書。他示意我坐下。我們談了一些無關重要的事，直至電話響起來。他低聲以阿拉伯語談了一會電話，然後站起來。

「很對不起，我要走了。」

「為甚麼？」

「有個病人快要分娩，急需我照顧。」

「你不能多留一會嗎？」

「那是不可能的—— 對不起。」

我腦海中彷彿有個鈴，多日以來一直輕輕地響，此刻音量卻突然增強。

「我要到醫院去。我會上門閂。你離開時，請把門鎖上。」

我們握手後，他便走了。我走到窗邊，看著空空的街道。現在離開還來得及。幾分鐘後我便可以回到酒店。我回過頭來，望向書架，書架上全都是大部頭的醫學書籍。我沿著走廊走向診症室，把鞋子脱掉，站到磅秤上，我的重量是二百三十六磅，差不多等如十七英石[8]，太重了。我的重量應該只有十五英石或以下。我走回另外那個房間，在那裏走來走去，試圖壓抑自己愈來愈強的焦慮。我想到特里·安德森和湯姆·薩瑟蘭[9]，心裏在想，被人月復月地監禁，心情究竟會是怎樣的。我只單獨在這房間逗留了不足一小時，已感到四壁及天花板彷彿在壓向我。我坐在一張皮椅子上，嘗試使自己回復鎮靜。接著我聽到電動引擎發出的微聲，有人乘升降機上來。我站起來，走到房子另一邊。升降機突然停下，發出輕微的撞擊聲。我聽到升降機門打開，一秒鐘後門鈴響起，一個個子矮小但粗壯、穿著有單排鈕子西裝的男人站在樓梯平台。他是我與綁匪接觸的主要接洽人，我們從前已經見過面。我感到他很緊張。

「只有你一個人嗎？」

「是的。」

他走進公寓。「你有沒有帶武器？」

「沒有。」

「對不起，我要搜你身。」他輕拍我的身體，然後走到門口。「我們要立即離開。」

---

8. 英石（stone）：英制重量單位，相當於十四磅或6.35千克。
9. 特里·安德森（Terry Anderson）和湯姆·薩瑟蘭（Tom Sutherland）：亦即是次事件中被伊斯蘭組織俘虜的人質。

我們走進升降機，靜靜地下降。在大堂那裏，門房的門緊緊地關上。我們走到空無一人的街上，發覺外面仍然下著雨。我們走了幾步後，那男人在一部大車旁邊停下來。

「你坐在後排座位吧。如果有人截停我們，你就說我是負責載你在貝魯特一帶走的。」

我爬進後排座位，汽車在黑夜中行駛。我們穿過被炮火摧毀的街道時，我想起多年前自己在德黑蘭（Tehran）一次相似的旅程。像現在一樣，那時我的生命也毫無保障。我坐在車上，任由綁匪擺佈，讓他們把我載到一個祕密的地方。伊朗革命衛隊（Iranian Revolutionary Guards）遵守諾言，帶我到他們囚禁人質的地方，幾小時後將我送回德黑蘭。現在，他們答應讓我見特里·安德森和湯姆·薩瑟蘭。據俘虜他們的人說，他們情緒很低落，而且病了。綁匪知道我不能拒絕這邀請。因為與我接觸的人以「穆斯林」[10]的身分給我保證，所以我決定相信他。我從車子旁邊的窗子望向外面。每隔一兩分鐘便有一道強烈的閃光照亮四周超現實般的景色。只有像艾爾·格列柯[11]這樣的人才能捕捉這荒涼的場景。那痛苦、那恐懼、那光

---

10. 穆斯林（muslim）：即伊斯蘭教徒。

線、那陰影、那美麗以及這一切背後在受苦、哭泣、步向死亡的人。突然，在沒有事先警告下，司機把車停在路旁。

「我們為甚麼在這裏停下來？」

「你要下車—— 汽車的輪胎破了。」

我知道他在説謊。我們顯然要在某處換車。但為甚麼要對我説這樣既愚蠢又毫無意義的謊話？在我們前面有另一輛車子，有兩個穿著警察制服的男人坐在車上。

「快坐到後座。」

那穿著西裝的男人坐在我身旁。「對不起，我要替你蒙眼。」

他拿出一條簾子質地的帶子蒙上我的眼睛。我並不因換車或被蒙眼而擔心，我已預計會這樣。令我擔心的是那謊話。從那刻開始，我便作好被綁架的心理準備。車子走了約半小時。和我同行的人以阿拉伯語交談。我不發一言。我彷彿走到一條小徑上，現在我所能做的，只能沿著這條路走，無論會走到哪裏。

---

11. 艾爾·格列柯（El Greco, 1541~1614）：本名Domenikos Theotocopoulos，西班牙畫家。作品多為宗教畫及肖像畫。畫風受風格主義影響，色彩明亮偏冷，人物造型奇異修長。代表作有《奧爾加斯伯爵下葬》等。

一個禱告

「主啊，想必不是我吧？」

很多時，我們問這問題前已知道正是我們。

我們，

像猶大一樣，

像所有其他門徒一樣，

像曾活在世上的每一個門徒一樣，

都曾為了最微不足道的報酬

出賣耶穌。

但願我們在耶穌向我們説話時感受到祂眼神中的激情

「是的，就是你。」

主啊，幫助我們

正視我們暗地裏出賣祢的行徑，

清楚地知道這一切，正確地判斷

像祢那帶有潔淨及消毒能力的凝視那樣。

願我們在十字架的羞辱和痛苦那遙遠的另一邊

可以發現祢恆久及救贖的愛

挽回我們，提升我們

達到全新的豐盛生命——在祢的兒子及聖靈的能力中。

阿們。

彼得

失敗者

讀經：路加福音二十二 54 ~ 62；
約翰福音十三 33 ~ 38，十八 1 ~ 11

✝

十二個門徒中，彼得是在耶穌往十字架路上跟隨祂走得最遠的一個。他與其他十一個門徒和耶穌一同吃最後晚餐。他和耶穌一同到客西馬尼園。像其他門徒一樣，當耶穌在禱告中為祂要面臨的死亡極力掙扎時，彼得睡著了。聖殿的守衛和猶大一同前來拘捕耶穌時，彼得拔劍與他們打鬥，直至耶穌阻止他。當耶穌被押到大祭司家裏受審時，彼得和其他門徒一起逃走了。但與其他門徒不同的是，他仍跟在後面。他很小心地跟在後面，保持一定距離，並潛入大祭司家裏的庭院，等候有關耶穌的消息。

但那裏也是彼得跟從耶穌行走十架路的終結處。他在耶穌死前看了祂最後一眼，那時耶穌正被帶到別處接受進一步審問。就在那時，彼得發覺他使耶穌失望，他否認自己是耶穌的門徒，拋棄耶穌，因此他不能自已。彼得跟從耶穌比其他十一個門徒都遠，但他終於猶豫起來，而且失敗了。遠在耶穌還未被判罪和送到死地前，彼得已放棄了十字架的道路。像其他十一個門徒一樣，耶穌被釘十字架時，彼得也不在場。所以，若從彼得的角度出發，回溯耶穌往十字架的路時，我們應該這樣看：他在關鍵的時刻沒有勇氣承認自己門徒的身分。不過我們將會看到，彼得的失敗並不是壞事，這失敗是他重新認識耶穌的立足點。

在伯大尼的馬利亞的行動中，我們看到她全然委身於耶穌，並接受了祂一定要死的事實。彼得對耶穌的委身絕不比伯大尼的馬利亞遜色。他曾明言願意為耶穌而死，而且他是認真的。但與馬利亞不同，彼得不能接受耶穌一定要死。他願意為耶穌死，但他不能接受耶穌一定要為他而死。也正因為他不能接受耶穌一定要死，他完全誤解了作門徒是怎麼一回事。他註定要失敗。他要透過失敗才能學懂作耶穌的門徒究竟是怎麼一回事。他也要透過失敗才能明白耶穌究竟在做甚麼。彼得似乎是那種要在犯了大錯後才能把事情做對的人。他要在以自己的方法行事，把事情弄得一團糟後，才能接受神的方法。由於十字架是以神的愛容納失敗及悲劇的地方，沒有甚麼失敗比在十架路上失敗更好。彼得的失敗正是神的機會。

福音書所提及的耶穌門徒中，彼得是我們最熟悉的一個。畢竟，他經常是第一個發言、第一個行動的人，他也很自然地成為門徒之首、成為故事的焦點。當耶穌想知道門徒的想法時，彼得總是代表他們發言。彼得熱心、衝動、魯莽、充滿自信，經常都是對事情知道得最清楚的人，即使連天使也不敢輕舉妄動時，他也毫不猶豫地行動。彼得有他的優點。他天生是一個領袖，有無限熱誠、勇氣、魄力。他真心委身於耶穌，全心全意想作耶穌的門徒。耶穌也派他作十二門徒的領袖。

但問題是：彼得希望耶穌成功。耶穌是彌賽亞。祂要拯救以色列，彼得要確保祂成功。因此，當耶穌嘗試令門徒明白，必須透過祂的受苦、被拒絕及死亡，才能達致救贖時，彼得並不同意。如果耶穌死去，祂便會失敗。但彼得卻要耶穌成功。彼得與耶穌坐在樓房，像進行告別儀式般吃最後晚餐時，耶穌顯然已經身陷險境。席間談論的全都與分離、出賣及快將來臨的巨變有關。但彼得打算隨機應變。如果有需要，他隨時準備為耶穌犧牲自己，為了救耶穌，他願意冒生命危險。或許，在場的其他門徒中，有些正希望可以在沒有人發覺時悄悄溜走，逃回加利利。但彼得從沒有這樣想過。耶穌需要他。任何人都可能會離棄耶穌，但彼得永不會這樣做。他準備好做任何事。這可能是彼得要確保耶穌成功的關鍵時刻。如果他要為耶穌犧牲自己，那將會是為了崇高原因而作的英雄式死亡。

彼得是否過分自信？他的確曾嘗試為耶穌犧牲自己。一整隊帶了武器的士兵到客西馬尼園拘捕耶穌。他們帶了很多武器，因為他們預計會遇到反抗。耶穌有十一個門徒和祂一起，或許還有別的門徒在場，但卻只有兩把刀子。其中一把在彼得手裏，他真的用起那刀子來。這不一定是魯莽的行動。如果彼得和其他人與士兵糾纏，耶穌或許可以乘機在黑暗中逃走。耶穌可能保著自己的性命，彼得卻可能因為救耶穌而失去自己的生命——如果耶穌容許他這樣做的話。但耶穌卻說（而彼得一定要聽從）：「收刀入鞘吧。我父所給我的那杯，我豈可不喝呢？」

彼得證明了自己是勇敢的。他為了忠於耶穌，甘冒生命危險。問題是他完全誤解了耶穌，也完全誤解了作門徒是怎麼一回事。他想耶穌以他心目中的方式作彌賽亞，而他則作自己心目中彌賽亞應該有的那種門徒。他想耶穌走那明顯能通往成功及成就的路。他想做耶穌的得力助手，在耶穌的成功中扮演重要的角色。為了使耶穌活下去，最終能夠成功，他甚至願意冒生命危險。但他不懂得——在十字架那另一邊，誰能怪他呢？——耶穌的使命是很獨特的，祂透過失敗達至成功，透過失去達致成就。彼得願意做任何事救耶穌脫離十字架，但他不能陪伴耶穌走那條十架路。

因此，當耶穌不准他用那把刀子時，彼得便與其他門徒一起逃走。他打算拯救耶穌，但如果耶穌堅持不讓別人救祂，彼得也不能做甚麼。但即使如此，事實證明，彼得比其他門徒對耶穌更忠心，也比其他門徒更勇敢。根據福音書記載，他遠遠地跟在後面。他是一個幻想已經破滅了的門徒；他是失敗了的彌賽亞的門徒。但他仍然是門徒，並保持著安全的距離跟在後面。他仍然是門徒，而且逗留在大祭司的庭院，希望知道耶穌的消息。畢竟，對彼得來說，耶穌不僅僅是一個理念，或一樁他希望能夠成功的事業。耶穌是他委身的對象，是他仍然希望能夠跟隨的人，雖然祂已失敗，雖然彼得再也不能了解祂。

但正在這刻，彼得自己卻失敗了。是否像大部分讀這故事的人所猜想那樣，彼得不認耶穌是純粹出於害怕呢？他是否因為害怕自己也會被捕，而不想與耶穌有任何關連呢？還是，那也出於他不想與一個失敗的彌賽亞有關連呢？他會否因為要承認自己是這人——人們曾經以為祂是彌賽亞，但現在卻發覺祂顯然不是——的門徒而感尷尬？或許圍在火爐邊的人正在談論其他失敗了的彌賽亞。的確曾有些失敗的「彌賽亞」，他們只是騙子，答應會為追隨他們的人帶來天國及榮耀，但卻毫不光榮地被羅馬人不費吹灰之力便鎮壓下來。或許那些人正在說耶穌也是這類人，而且比其他人更快更輕易便失敗了。彼得使耶穌失望，因為他不能容許自己被人視作一個失敗了的彌賽亞的門徒，因為他仍然只能以自己心目中彌賽亞應有的形象來看耶穌，他只看到作門徒就是幫助耶穌成功，並分享祂的成就。因此彼得慘敗了。雖然在十二門徒中，他是跟隨耶穌走得最遠的一個；雖然他比其他門徒更勇敢、更委身，但最終他卻比其他門徒更徹底地失敗了。因為他不能接受十字架，所以他不能跟隨耶穌走十架路。

當然，現在我們發現，彼得的失敗肯定令他很有希望。因為他的失敗徹底除去他對耶穌及作門徒的錯誤觀念，也完全粉碎了他對耶穌及自己的幻想。惟有這樣，彼得對耶穌可貴的委身才可以將他轉化成真正的門徒；惟有這樣，彼得才不再以為耶穌需要他以自己的方法幫助耶穌成功；惟有這樣，彼得才能發現，原來是他需要耶穌，使他能以耶穌的方式成為耶穌的門徒；惟有這樣，彼得才能在被釘十字架的彌賽亞身上發現神的恩典，並且能夠跟隨耶穌走他自己的十架路。

彼得的失敗使他有資格開始在十架路上成為門徒。惟有藉著失敗，彼得才能高升。他的失敗正是神的成功。這就是十架路帶來的眾多悖論的其中一個。耶穌死亡，以致我們可以得到生命。惟有藉著失去自我，我們才能發現自我；惟有藉著捨棄，我們才能成功。十字架——耶穌藉著失去而得勝，藉著失敗而成功，藉著死亡而得到生命——不單是這些悖論的最佳例子，十字架本身便帶來這一切悖論。藉著耶穌的失敗、被定罪及受死，神在我們的失敗、被定罪及死亡中與我們相遇，使我們可以重新開始。事實上，這是我們在經過那麼多虛假的開始後，第一個真正的開始。耶穌被定死罪時，在大祭司的庭院中，彼得作門徒的錯誤開端才被徹底摧毀。當耶穌在往十字架途中，在彼得徹底失敗時看著他；當失敗的彌賽亞看著這個失敗的門徒時；彼得才在這十架路上重新開始成為門徒。

要明白這是一個怎樣的新開始，我們可以想想三十五年後，彼得確實跟隨耶穌走十架路，揹著自己的十字架步出羅馬城的城門，被釘在十字架上。正如耶穌在最後晚餐時對他說的那樣：「我所去的地方，你現在不能跟我去，後來卻要跟我去。」

彼得的失敗最終帶來了他的救贖，這裏有兩方面值得我們留意。首先是幻想的破滅。整件事件不是彼得犯了錯，重新站起來，便能繼續下去。彼得完全誤解了耶穌，也完全誤解了作門徒是怎樣一回事。他不能在他失敗之處重新開始，他只能在一個全新而完全不同的基礎上重新開始。彼得的幻想徹底破滅，他原本以為，以他的勇氣、他的主動性格、他對耶穌的委身，他可以救耶穌免於死亡，可以成為耶穌最偉大的門徒，可以幫助耶穌成功。與他所想的相反，彼得必須明白，雖然他有勇氣、主動、對耶穌委身，但他仍不能作門徒，除非耶穌替他死。他以為耶穌需要他，但他必須除去這錯誤觀念，並明白到首先是他需要耶穌。而他需要的耶穌並不是他想像中、他甘願為之犧牲性命的耶穌；他需要的是真正的耶穌，那個為他而死的耶穌，祂的十架路正是神藉以特別向失敗者施恩的途徑。

十字架粉碎我們的幻想，粉碎我們對自己的幻想，粉碎我們對耶穌的幻想，粉碎我們對世界的幻想。我們發現，耶穌並不是要滿足我們的願望，無論這些願望多麼美好。耶穌從不依從世界的願望，無論這些願望看來多麼吸引。耶穌並不會肯定我們自己製造的形象——我們喜歡怎樣看自己，喜歡別人怎樣看我們。沒有平坦的路徑可讓我們一邊肯定及實踐我們對生命的期許，一邊攀升到神那裏。我們面前只有十字架這條路。在那裏，被定罪及被釘死的耶穌否定我們的期望，逼使我們面對真正的自己，而不是我們希望別人看到的自己；祂讓我們看見一個完全陌生的新世界，那是我們從未見過的。這是一個矛盾的遊戲，在這遊戲中，只有失敗者才能成功。

粉碎幻想的過程可能很痛苦，但也可以是很大的解脫，而且也必定帶來釋放。發生在彼得身上的事件中，另一個重要的層面是：我們發現，失敗並沒有使人喪失作耶穌門徒的資格。相反，失敗是作耶穌門徒的一個條件。我們不單像彼得那樣有充滿戲劇性的失敗，也有日常生活中無數的小失敗。那些失敗累積起來，使我們感到失望，因為我們發現自己永遠不能做得好一點，永遠不能更忠心地跟隨耶穌。

但我們的失敗正是神的機會。就在我們失敗時，神的恩典永遠比那失敗更大。我們可能像彼得那樣，需要認識到我們追求的是自己的道路，而不是神的道路。如果我們在走自己的路時只有成功，我們怎能學懂這功課呢？或許，我們對自己能力的信心需要被粉碎；或者（因為有些人在這方面與彼得很不同）我們會有一種相反的錯覺，對自己有很負面的看法，過分貶低自己。我們透過失敗應學懂將自己的一切都降服在神的恩典之下，不論是才能或無能、期望或願望，都要讓神的恩典重新塑造，讓神醫治、重建及更新。失敗使我們有資格作門徒。在失敗中，我們發現神是施恩的神，而我們是需要神恩典的人。

當然，彼得沒有失去他的優點。在彼得重新開始時，這些優點並沒有被棄置一旁，但彼得必須先將這些優點降服在神面前，才能讓神使用。甚至彼得願意為耶穌死這心志也要降服在神面前。這心志必須變為彼得願意在耶穌為他而死後才為耶穌而死。只有透過他的失敗，透過在十字架遠遠的另一邊，彼得才能成為耶穌一直都知道他會成為的那個人——走在耶穌羣羊最前面的牧者。

一個禱告

主耶穌，

太多時候，我們都想以

自己的方式，而不是祢的方式，

作祢的門徒；

太多時候，我們想祢

贊同我們的計劃，

使這些計劃成功；

太多時候，我們追求

對自己非常有價值的目標，

而不是跟從祢

走十架之路。

饒恕我們。

除去我們的錯誤觀念——

當我們以世界的眼光，

將祢看成一個失敗者，

一個被定罪、被嘲笑、
受苦、受死的人時。
挽回我們，更新我們。
幫助我們將我們自己，
我們的能與不能，
我們的失敗與成就，
我們的希望與願望，
都降服在神面前。
幫助我們將成功交給神，
讓我們只渴望跟隨祢的帶領。
在祢的十架路上
我們發現神在
我們的失敗中向我們施恩。
恩典永遠比我們的失敗強。
求祢再次接受我們為門徒，
願意為祢活、為祢死，
也能為祢活、為祢死，
因為祢曾為我們死，現在也為我們活。
正如祢再次對彼得說——
當祢從死裏復活時向他
提及他對祢恆久的愛，

祢也對我們說：

「來跟從我。」

〈他走到外面痛哭〉

里德・以撒[1]

雞啼時，彼得想起耶穌的話：

「雞叫前你會三次不認我。」

他便走到外面痛哭。

我想，彼得究竟為甚麼哭？

他並非為祢哭，

祢的情況沒有任何改變——

祢將會死，

彼得終於看到這個結局。

為甚麼他痛哭？

那些眼淚是為他自己流的，

為彼得死去的老我而流的。

那強者彼得

那真誠的彼得

1. Reid Isaac, 'He Went Out and Wept Bitterly'.

那主管一切的彼得

他的眼淚是為那控制一切的彼得死去而流的；

那高高在上的彼得

那正直的彼得

那忠誠的朋友彼得

那天不怕地不怕的彼得

那比他那些軟弱的弟兄優秀的彼得——

這些全都是彼得非常珍惜的自我形象。

他生命的意義全繫於這一切。

這一切使他特別、與眾不同、令人羨慕。

在一剎那間，他清楚看到，

真正的彼得並非如此；

真正的彼得是這樣一個人，為了保護自己，

他甚至發誓不認

一個他曾表示會誓死支持的朋友。

他的眼淚是為了哀悼自己失去自尊。

那是很大的損失。

他痛哭。

管理一切，高高在上，正直，勇敢。

主啊，我嘗試使自己有這些素質。

大部分時間我都做得很好。

無論在家裏或辦公室，我都盡自己的本分。

我努力工作。別人都要倚賴我。

有時我頗嚴厲，但仍很講道理。

我很有成就。

有時我運氣不好，或接受了力有不逮的工作；

有時事情並不如我期望那樣。

但我為人公正。我不會要求別人做連自己也不會做的事。

我就是這樣——或者說，我認為自己就是這樣。

上星期，我的祕書辭職。她說我不懂得體諒別人，

又不講理。

她是一個好祕書，我不想失去她。

我不知發生了甚麼事。

我以為她知道我欣賞她。

我儘可能增加她的工資，偶然也會請她吃飯。

雖然有時我會批評她的工作表現，甚至向她發脾氣，

但那只是工作的一部分。

我自己也受別人批評——而且是更多、更不合理的批評。

她說我性別歧視，

沒有尊重她是一個人，

沒有平等對待她。

我不能相信她的話。我想她可能只是月事來潮。

回到家裏，太太也不同情我。

她說我的祕書說得對，並猛烈抨擊我，說我在家裏多麼不懂得體諒別人，

多麼忽略了她和兒女，

變得多麼專橫、多麼獨裁。

她喋喋不休地說。當她這樣說時，我心目中的自己給粉碎了：我是一個怎樣的人，一個怎樣的父親，一個怎樣的老闆——這一切全被她舌頭的濃酸溶掉。

突然間，我發覺在這個我深愛的女人心靈深處，充滿著我從沒有留意到的傷痕及憤怒。

我傷害了她。

但我不明白自己怎樣造成這一切，

也不明白我可以怎樣改變。

我開始哭，

她也開始哭。

我把手伸向她，她抱著我，我也抱著她。

我們都真心愛對方。

但我們可以在哪裏找到出路？

今生以後我們還有沒有生命？

我看見祢在另一個炭火旁邊跟彼得説話，

我看見祢在他謀生的海邊跟他説話，

我看見祢在他以為祢已離開時回到他身邊，

重複問他一個似乎是最重要的問題。

你愛我嗎？餵養我的羊。

你愛我嗎？餵養我的羊。

你愛我嗎？餵養我的羊。

祢賜彼得新生命，代替死去的舊彼得。

主啊，我在等待。主啊，到我這裏來吧。

4

該亞法

不能與耶穌共存的人

讀經：馬太福音二十六 57 ~ 68；
約翰福音十一 45 ~ 53

毫無疑問，該亞法寧願不用理會耶穌，但像以前和以後很多其他人一樣，他在這件事上沒有甚麼選擇。耶穌在耶路撒冷成了眾人注目的焦點那年，該亞法是大祭司，這身分使他要負責巴勒斯坦的政治、民事和宗教事務。他好像集大主教和首相於一身。從技術層面來説，他所做的一切都在羅馬政府的管轄之下，但在這正式限制之下，該亞法擁有頗大的權力，而且需負責一系列職務，工作量之大，足以令做事最有條理的人不眠不休地工作也無法完成。這工作絕不輕鬆，但該亞法顯然很喜歡這工作，而且相當稱職。歷史告訴我們，他擔任這個職位長達三十年之久。這是很不尋常的。大部分人只做了幾年，然後便承認失敗，讓更年輕、更有魄力的同事接任，或者得不到羅馬政府的歡心，突然「退休以便有更多時間陪伴家人」。但該亞法守著這崗位。無論他的工作給他多大滿足感，在他那漫長而表現出色的大祭司生涯中，很少遇到像這個逾越節那樣使他頭痛的事。

對猶太管理當局來說，逾越節總是難以應付的時期。耶路撒冷擠滿了從當時已知的世界各地而來的朝聖者，人們沸沸揚揚，滿懷希望，心裏想著古老的逾越節，神將以色列人從奴役中釋放出來，賜應許之地給他們。在這時候，對大部分猶太人來說，羅馬人佔領巴勒斯坦一事，比平時更難以接受。這城市的街道被厚重的盼望氣息覆蓋着，人們閒談時都以彌賽亞以及神何時差派祂來作為話題。這實在是一個火藥庫，只等待一點火花把火藥燃點起來。每年都有這樣的危險：一些狂熱分子會趁這時候，把握機會煽動羣眾進行反對羅馬政府的暴亂。結果只會帶來可怕的流血衝突，引致羅馬政府以鐵腕手段鎮壓暴亂。

對該亞法和他在猶太公會的同事來説，生活在羅馬人統治下絕不愉快舒適，但更糟的事情也可能會發生。他們一直要肩負的任務就是設法確保不會發生任何事使情況變得更壞。這些人被派執行一個不討好的任務，在以色列人對自己民族與宗教的關注這棘手問題上，以及他們是羅馬帝國一個殖民地這政治現實之間求取平衡。這個平衡實在很容易受到破壞。有時，為了維持這平衡，必須運用一點「現實政治」[1]；因此，該亞法説過「如果有需要，為了整個民族而犧牲一個人是合理的」這樣的話也不足為奇。

因此，每年的逾越節對大祭司及猶太管理當局來説，都是一個令人頭痛的日子。看來這年也不例外。在剛過去的星期日，耶穌到達耶路撒冷時，羣眾揮舞著棕樹枝、高喊口號，宣告祂的來臨。這些狂熱追隨者預示了這個節日不會沒有麻煩。該亞法必須決定怎樣應付這局面。

是甚麼令耶穌對耶路撒冷帶來那麼大的威脅，使祂最終要面對公會的審判呢？如果我們讀遍福音

---

1. 現實政治（realpolitik）：指處理政治問題時從實用角度考慮，而不是從道義或意識形態角度考慮。

書，便會看到原因所在。耶穌的事工開始時，我們已發覺祂的一言一行都使祂與那些只想保持社會現狀的猶太人發生即時而明顯的衝突。祂暗暗地、也明確地挑戰建制的正統性。祂破壞猶太人的律法，或至少堅持以迥異於人們可接受的思想及行為來詮釋律法，以致其中一個對祂言行最初的反應就是法利賽人不斷問祂：為甚麼祢和祢的門徒不在特定的時間禁食？為甚麼祢不守安息日，在應該安息的日子替人醫病？諸如此類。人們開始説，耶穌的教導自自然然地帶有權柄，使人不得不聽從，而且這些教導本身已證明它們是真理。祂的言論很多都是對宗教建制的公開批評。不過，雖然對猶太人來説，祂説的話可能新奇而驚人，但卻包含著真理，人們很快便發覺，這些話與文士及律法師的話完全不同。

耶穌的行動支持祂的話，而且與祂的話有力地連在一起。如果耶穌所説的話不正統、充滿挑釁性、會帶來危險，這些話有沒有可能只是一個自稱為先知或彌賽亞的人的新奇狂言——充滿娛樂性，卻不會有長久或具破壞性的影響呢？如果該亞法和他的忠實支持者可以這樣想，他們一定會覺得這想法很吸引。但耶穌並沒有這樣表現自己。祂的事工並沒有任何自我宣傳的欺人之談。祂做祂想做的事，説祂想説的話，任由別人給祂貼上甚麼標籤。

然而，耶穌出現在這城市的人羣中是那麼使人震驚，人們不可以當祂不存在，也不可以不理會祂。祂的話充滿權柄，祂替人治病、使死人復活，在在都逼使人無可避免地得出同一個結論：耶穌有點特別，不像一般思想怪異、冒充內行或兜售宗教熱忱的人，這些人只能吸引絕望及容易受騙的人。但耶穌和祂的門徒卻沒有喧鬧地自我吹噓，沒有急不及待地接受別人的奉承或金錢。相反，耶穌的一言一行都很果斷，使人不能純粹以人的標準來解釋祂的言行。祂的整個人及行動都指明神國的存在（即神本身的能力和管治）——雖然只是轉彎抹角地、間接地指明這點。

無怪人們都感驚訝；無怪他們不斷追問祂究竟是誰；無怪無論耶穌去到哪裏，祂都成了人們的熱門話題。如果祂只是一個怪人，沒有人注意祂，祂説甚麼、做甚麼都無關重要。但無論祂走到哪裏，羣眾都跟著祂——起初只是出於好奇，後來卻深信祂是一個值得聽從，值得親近的人。畢竟，人們永遠不知道耶穌出現時會發生甚麼事。祂的一言一行都吸引人們的注意力，雖然祂經常避免令別人過分注意祂。祂告訴人們：「去吧，不要對任何人提及這事。」但其實祂大可省回這口氣。在巴勒斯坦，從拿撒勒到耶路撒冷，無論在咖啡室、超級市場、網球會、或是上流社會的晚宴，人們嘴邊都掛著耶穌這個名字。

這就是那個在逾越節前抵達耶路撒冷城的人。耶穌既然膽敢走入宗教當局的獅子坑，祂也拒絕緩和祂那具煽動性及有潛在分裂性的行為。事實上，祂似乎決定將祂的行動升級，直至利益與權力間的衝突變得無可避免。祂從容地步進聖殿，引起一場公開的爭辯，宣稱這個古老猶太教的堡壘是腐敗的；更嚴重的是，祂宣稱自己有權潔淨聖殿，而且某程度上，聖殿要由祂來潔淨。耶穌將商人及兌換錢幣的人趕出聖殿的大院後便坐下來，醫治跛子和瞎子。那些孩子則四處跑，高聲說：「和散那歸於大衛的子孫。」因此，馬太告訴我們，祭司和文士都很憤怒，也就不足為奇了。表面看來，他們絕對有理由這麼憤怒。他們問祂：「你仗著甚麼權柄作這些事？」但耶穌拒絕直接回答他們的問題，只讓他們自己找答案。

該亞法説了甚麼？「獨不想一個人替百姓死，免得通國滅亡，就是你們的益處。」約翰福音替我們闡釋了他的想法。他推論説：「若這樣由著他，人人都要信他，羅馬人也要來奪我們的地土，和我們的百姓。」[2]換句話説，如果讓耶穌這樣繼續下去，祂可能會在耶路撒冷激起羣眾爆發帶民族主義及宗教色彩的暴亂。如果發生這樣的暴亂，幾乎可以肯定羅馬人會直接加以鎮壓，並解散公會，甚至可能會拆毀聖殿，從而有效地除去猶太人的民族身分和宗教身分以及反抗力量的中心。因此馬可福音告訴我們：「（他們）就想法子要除滅耶穌，卻又怕他」（可十一18）。耶穌的危險性太大，祂太富挑釁性，太受歡迎，他們不可以不理會祂。惟一對付祂的辦法就是除掉祂。這樣做可能會使人有點不太愉快，嚴格來説也不大符合常規，會使一些人不

2.《和合本》及一些聖經的英文譯本，例如《新國際譯本》（New International Version）、《新美國標準譯本》（New American Standard Version）等，均清楚表明這番推論是祭司長和法利賽人一同説的。在這裏，本書作者的説法與上述聖經譯本所載有點出入。很有可能原文聖經兩種可能都有。

安，並且要人們調校自己的良心，但為了民族的安全及人民的利益，必須這樣做。耶穌一定要死。

就是這樣，這七十一個受人敬重的猶太人，包括宗教領袖、教師、商業團體成員、政界人士，在深夜時分鬼鬼祟祟地聚集在該亞法家裏，匆匆忙忙地召開一個緊急會議。他們不惜一切挖掘證據，希望可以把他們的行動粉飾為正直和可以接受的。他們派聖殿的守衛捉拿耶穌，將祂押到一個私設的法庭審問。那時羣眾仍在他們入住的旅店或賓館熟睡。這是一個卑鄙的計劃。更卑鄙的是，他們急於確保他們選擇這樣做是正確的，所以在場的人開始將耶穌説成是惡魔。後來，像常見的情況那樣，他們隨意虐待耶穌，對祂施以暴力及嘲弄，甚至不把祂當人看待。

不過，雖然整件事最終應該由該亞法負責，但他從沒有主動引發這場衝突，也沒有故意使事情最終變得一團糟。該亞法情願耶穌在最初面對挑戰時接受暗示，收斂祂的言論及行為。但耶穌沒有這樣做，祂知道自己的行動最終會有甚麼後果，但仍堅持下去，拒絕妥協，拒絕按別人的遊戲規則行事，始終忠實地按祂的理解執行自己的任務。該亞法還有甚麼選擇呢？在這樣的情況下，他還可以有甚麼別的做法呢？如果是我們，又會怎樣做呢？

人們與耶穌接觸時，可能會發現祂很難應付——祂使人感到驚奇、煩擾、不安。因為耶穌是以祂的方式，而不是我們的方式與我們接觸。祂的生命及事奉所代表及體現的往往直接挑戰我們對自己、對鄰舍、對自己向神的責任，挑戰我們的價值觀及對優先次序的看法。有時甚至會與這一切發生衝突。我們認為重要，而且十分重視的事，在祂看來卻是無關重要的。雖然我們嘗試引起祂注意，令祂相信我們的價值，但卻沒有給祂留下特別深刻的印象，不過祂並非忽略我們或迴避我們。（有時我們發覺自己暗地裏希望祂不理會我們，好像奧古斯丁（Augustine）那著名的禱告所表達的心情那樣：「主啊！救我吧——但請暫時不要這樣做。」）

耶穌的情感和價值觀彷彿與我們的情感和價值觀有不同的波段。要我們重新調校我們的波段，絕不容易，也不輕鬆。祂來到我們擠逼的耶路撒冷，堅持要潔淨我們宗教生命的城堡，除去那些垃圾、零亂、腐敗。如果祂不這樣做，祂便不能與我們做甚麼，祂更不能為我們做甚麼。祂願意醫治我們生命中的疾病和盲目，使我們回復健康，但卻發現我們在發怒，不願意讓祂這樣做，而且感到害怕而不是高興。我們害怕，如果我們順從祂的要求，而且發覺自己正在改變，我們的自我，我們的生活方式，以及我們對事物的看法，都要作出很大的犧牲。對祂毫不客氣地拒絕妥協、拒絕讓我們在承認祂是主和滿足我們生命中眾多其他要求之間求取平衡的舉動，我們感到討厭。很多時，祂來到我們身邊，我們卻企圖不理會祂，打發祂走，要祂離開。但不多久，我們便發覺祂仍然堅持下去，無論我們轉向哪裏，都要面對祂對我們的要求。當我們繼續像我們習慣那樣與世界妥協時，卻要面對祂提供的其他處理和看待事物的方法，讓我們感到不自在。我們沒有高興地歡迎祂，讓祂以得勝的姿態進入我們生命中，卻像該亞法及他的親信那樣。我們一直等候那機會，那黑暗的時刻，找機會置祂於死地，只為了能安靜和平地過活。

祈禱及反思

一個禱告

主耶穌，

像該亞法那樣，有時我們情願

不用應付祢。

感覺到祢不請自來時

我們急忙找藉口：

主啊，不要在今天。

現在我的處境太困難，

太棘手，

太複雜。

我們只希望祢以我們的方式到來。

我們只想祢鞏固我們的思想和行為方式，

認同並支持我們對

如何引進神國的計劃。

但祢總是以祢的方式，而不是

我們的方式來到我們這裏。

祢溫柔而堅定地堅持下去。

不容我們討價還價；

不容我們像外交家般妥協；

我們只能忠實地依從天父的吩咐。

因此，祢破壞了我們悉心安排的計劃，

只給我們很少選擇。

我們不能不理會祢。

原諒我們，有時我們像該亞法那樣，

認為接納祢要付太大代價。

因此，求祢以祢的靈充滿我們

以致當祢再到我們這裏時，

我們可以準備好張開雙臂歡迎祢

將我們自己，

我們的計劃，

我們的優先次序，

而不是祢

釘在十字架上。

阿們。

本丟彼拉多

猶豫不決的人

讀經：路加福音二十三 1 ～ 25；
約翰福音十八 28 ～十九 16

本丟彼拉多是一個怎樣的人呢？表面看來，他是一個權力相當大的人。身為羅馬政府派駐猶大省的行政長官，他可以調動相當兵力。而且理論上，羅馬政府透過他統治這個他們佔領的地方。人們做任何事都要事先得到他批准。

彼拉多也是惟一有權判處耶穌死刑的人。羅馬政府將部分權力交給猶太人，准許他們在清楚訂明的範圍內從事他們的傳統宗教活動，執行他們的民事法典。其中一件他們不能做的事是判處別人死刑，他們更不能執行死刑。羅馬政府寧願把這權力留給自己。如果該亞法想將耶穌處死，他必須說服彼拉多，令彼拉多相信這樣做對帝國或彼拉多都有明顯的好處，甚至是對兩者均有好處。

因此，表面看來，彼拉多的確有權有勢，得到強大的羅馬帝國最大的支持。他執有生殺大權。在耶穌受苦的故事中，只有他一人有權作那最重要的決定。一切都要看他如何判決。

但諷刺的是，在福音書中，彼拉多卻可能是所有人物中最軟弱的一個。該亞法很巧妙而且很容易便控制了他。該亞法沒有將耶穌説成是個褻瀆神的人（羅馬人才不管當地人的宗教成見和爭論），而是指控祂自稱彌賽亞，對羅馬政府構成潛在威脅，而且是一個危險、懷有政治目的的叛亂分子。在故事中的彼拉多可能是一個軟弱的人，但卻絕非蠢才，他也知道這指控十分牽強。我們幾乎可以聽到他向耶穌問話時那充滿茫然及懷疑的語氣。他問耶穌：「你是猶太人的王嗎？」雖然福音書沒有怎樣描述過耶穌的外表，但祂肯定不像游擊隊領袖那類危險人物。在約翰對這事的敘述中，耶穌向彼拉多指出，祂的門徒與那些狂熱分子不同，他們沒有攜帶任何武器。而且在祂被捕時，沒有發生任何暴亂，甚至連抗議也沒有。那些跟隨了祂三年的人在剛發現危險時便混入人羣中。無論耶穌曾經自稱是誰，實際上，從彼拉多的標準來看，祂對羅馬政府和社會秩序的威脅實在微不足道。

但在整個計劃中的這一個關鍵時刻，彼拉多卻充分顯出他個人的軟弱及在政治上的無能。該亞法輕聲地説：「你若釋放這人，就不是該撒的忠臣。」他這幾句話已經完全控制了彼拉多。

像很多有政治權力的人一樣，彼拉多也被過去發生的事纏繞著，一個致命的弱點不時使他變得了無生氣。該亞法故意説出那些經過深思熟慮後才説出來的話，使彼拉多目瞪口呆，他的致命傷又開始隱隱作痛了。

在與猶太人的交往中，彼拉多曾經做過很不智的事。結果，無論從政治層面或個人前途來看，他都付出了大得他不能忘記的代價。他拿了聖殿銀庫的金錢，用來在耶路撒冷興建供水系統。在他看來，將本地政府的資金在本地提供服務，是合情合理的行政措施。既然是為了造福猶太人，為甚麼要羅馬政府付出金錢？但正如他的前任人一樣，彼拉多低估了猶太人對與聖殿有關的事的敏感程度，終於發生了暴亂。在處理這事時，彼拉多決定立下幾條基本規則，申明猶大在他管治下應該怎樣運作，於是他派軍隊入城，狠狠地教訓了那些暴徒。但那大屠殺卻完全不值得引以為榮。路加極盡諷刺地說，彼拉多使加利利人的血攙雜在他們的祭物中（路十三1）。連那些殺害手無寸鐵的平民的士兵也不感到高興。這件事毫不光采。

後來又發生了另一件事，他的軍隊用刻有提比哩亞王肖像的盾牌。猶太人認為這件事嚴重地冒犯了他們，並且作出了投訴。他們指出，根據他們的宗教信仰，將這些肖像帶進聖殿的範圍是偶像崇拜。他們要求士兵改用沒有肖像的盾牌。但彼拉多決定要表現出自己是強勢總督，不會容忍他們那樣胡鬧，因此堅持自己的立場。羅馬士兵的裝備是有規定的，他不會為了遷就猶太人的迷信而更換士兵的裝備。這次沒有發生暴亂。猶太人直接向該撒提比哩亞投訴，他們説政府在當地的代表做得太過分、不合情理、有損帝國聲譽。這策略十分冒險，如果提比哩亞打算支持彼拉多的行動，最溫和地說，猶太人沒有了上訴的途徑；對那些膽敢質疑羅馬政府的人來說，情況會變得更糟及令人不安。

但事實證明，提比哩亞比他的大使更能準確判斷政治實況。他逼使彼拉多以非常公開的方式把政策來一個一百八十度改變。這決定有力地削弱了彼拉多的權力。他和猶太領袖都知道（而他也知道猶太領袖知道），提比哩亞大概不會再容忍任何使他尷尬的不當行為。彼拉多正處於事業的高峯，如果在他管治的地方再有甚麼麻煩，他便會完蛋！

從這個角度看，該亞法的話顯得強而有力。很多時，在人們的權力遊戲中，沒有說出來的話往往比說出來的話更重要。「若你釋放這個人，就不是該撒的忠臣」。理論上，彼拉多可以輕易調動大隊羅馬軍隊，但因他過往在政治上估計失誤，加上該亞法乘機利用這些錯誤，使他變得束手無策。理論上，彼拉多可以破壞該亞法將耶穌處死的計劃（而且他一定很想這樣做），但實際上，他知道耶穌一定要死。否則他便要付上政治代價。正直不阿不是容易做到的，彼拉多付不起那麼大的代價。

雖然彼拉多盡他所能説服猶太人釋放耶穌，但他們仍堅持要把耶穌釘十字架。儘管良心和公義都要求彼拉多釋放耶穌，但他還是順從猶太人的意願。他的最後策略是避免讓人看見他做了任何決定，他試圖説服自己和羣眾，他對這事是持中立態度的，沒有幫助那些想將耶穌置諸死地的人。他甚至當場洗手，徒勞地試圖洗去早已染滿雙手的鮮血，希望他的罪能得到赦免，但他又不願承認自己犯了罪。從那時開始，歷代的政客經常發覺他們比彼拉多這次更難推卸責任。彼拉多在這政治謀殺中犯下的同謀罪，從那時開始便一直在基督教的禮拜儀式中被人記起：「在本丟彼拉多手下被釘十字架」。這實在是一個相當恰當的反諷。任何公職人員都絕對不希望歷史會這樣記錄他的職業生涯。

我們與耶穌交往時，不是有時也像彼拉多那樣嗎？我們不期待也不喜歡與祂相遇，但卻偏偏遇到祂。我們與祂面對面，發覺祂的要求引起我們的興趣，發覺祂有點與眾不同、有點特別，我們不能使祂就範。我們感受到祂對我們的精力、時間、忠誠、生命都有很高的要求。或許，我們不由自主地被逼與祂一起對抗羣眾及整個世界。但經過籌算後，我們發覺代價太大。我們沒有趕祂走或殺死祂，但卻找藉口，離開那境況，即使感到有點不自在，但仍然在道德上保持中立，不肯介入。我們試圖暫時不作決定，盡量將作決定的時間推遲。但這樣做對彼拉多沒有用，對我們也沒有用。

一個禱告

聖父，

祢差派祢兒子來到世上

作我們的審判官，

從而作我們的救贖者。

祂完全活出祂兒子的身分，

暴露了我們不斷試圖逃避祢神聖的愛——

我們是多麼瘋狂，多麼不懂珍惜。

我們寧願自訂標準，

決定自己的價值，

計劃自己的生活，

作自己的審判官。

像彼拉多一樣，

面對耶穌在軟弱及謙卑中所受的恥辱，

我們感受到作王的真正意義，

但卻發覺很難站在祂那邊。

世界的各種力量包圍著我們。

求祢幫助我們，讓我們永不會洗手不理祂，

讓我們對祂的委身，就像

祂對我們的委身那樣堅定。

阿們。

6

巴拉巴

與死神擦身而過

讀經：馬可福音十五 6 ～ 15；
約翰福音十八 38 ～ 40

✝

福音書沒有告訴我們很多有關巴拉巴的事。他是一個次要的角色，好像舞台上的臨時演員一般，匆匆進場，又匆匆離場。他的重要性只在於他的故事與耶穌的故事短暫地交織在一起。他甚至連一句對白也沒有。因此，福音書作者沒有詳述他的歷史或性格也就不足為怪了。如果他們詳細描述巴拉巴，不單無助他們達到他們的目的，更會使讀者分心注意一些並非真正重要的事。我們可以這樣猜測，耶穌在巴拉巴的故事中扮演的角色，遠比巴拉巴在耶穌的故事中扮演的角色重要得多。福音書的作者集中注意力在耶穌的故事上。不過，我們仍然可以詳細研究我們對巴拉巴所知的點滴，從中得益。我們還可以想像一下，在他與耶穌短暫的「沒有碰面」中，一些福音書作者沒有告訴我們的事。雖然他從未遇見過耶穌，但耶穌的一生及命運卻與他的一生及命運緊密相連。

約翰形容巴拉巴為 *lēstēs*，即盜匪。保羅用同一個詞語形容古代那些暴徒（林前十一 26）。他們埋伏等候途人經過，襲擊他們，不是單單要他們的錢財或生命，更可能是兩者都不放過。巴拉巴也很可能參與這種有組織的罪行，但他並非這麼簡單。

其他三卷福音書形容巴拉巴為 *stasiastes*，一個參與了不久前的政治暴亂，並在暴亂中犯了謀殺罪的人。這樣看來，巴拉巴屬於猶太人中一個羣體，他們模糊的生活方式令人分不清他們是在犯罪還是在從事政治活動。這些叛亂分子不滿猶太當局與羅馬帝國政府勾結，無論羅馬人甚麼時候在甚麼地方出現，他們都把握機會襲擊他們，不管用甚麼方法也要達到他們的目的。但如果我們稱巴拉巴為叛亂分子也不會與約翰的描述有甚麼衝突，這樣的描述只不過給我們多一點資料而已。那些以暴力事業及暴力行徑為生，並獻身於此的人，往往要犯更多罪行來支持他們的活動。巴拉巴和他的同路人，被排除在正常的經濟及本地結構以外，為了維持生計，他們很可能會持械襲擊途人，洗劫他們，不管那些途人是誰。他們是絕望的人，抱著危險的任務，並隨時準備為了完成這任務而孤注一擲。

我們不應受誘惑把像巴拉巴這樣的人理想化。「對某人來說是恐怖分子的人，對別人來說卻是爭取自由的鬥士」這句老生常談並非放諸四海皆準的。我們不應該將道德上黑白分明的事，變成一大片灰色地帶。無論巴拉巴為甚麼會淪為罪犯、暴徒，無論他有甚麼更崇高的動機，他始終是強盜、是殺人犯，不是第一世紀的羅賓漢。

然而，我們很容易看到巴拉巴有一種粗獷的魅力，使他在這逾越節期間得到羣眾接受。很多人都大致上認同他的政見，即使他們不同意他採用的方法和他的生活方式，因為他的方法和生活方式刺激了他們，使那些平凡、無辜的巴勒斯坦人的生命受到威脅。在這政治敏感時刻，人們很容易會忽略巴拉巴的罪狀和暴行，隨便將他當成同情反羅馬運動的象徵。很明顯，彼拉多寧願釋放耶穌，而不是巴拉巴。單憑這點已足以引起羣眾道德上的「近視」，在「釋放那『耶路撒冷人』」的喊聲中迅速動搖他們。

值得注意的是，該亞法和猶太當局如何特別安排這行動，煽動那些來過節的人羣，使他們變得瘋狂，以致彼拉多不能拒絕他們的要求，否則便會引發起另一場暴亂。畢竟，對他們來說，巴拉巴和他的同路人都是令人尷尬的。更糟的是，這些叛亂分子嚴重威脅羅馬政府賦予猶太人的自治權和宗教自由。如果這些誤入歧途的激進分子再作出那些可怕的行徑，羅馬帝國最終可能會忍無可忍，將巴勒斯坦變成一個警察國家[1]。如果他們在單獨一人、沒有防衛時遇見這些暴徒，也休想可以逃過大難。無論如何，羅馬執法當局迅速地逮捕像巴拉巴這樣的人，並儘快將他們處決，猶太領袖都應該默默支持。但他們卻合謀要求彼拉多釋放巴拉巴而不是耶穌。可見他們多麼痛恨耶穌、害怕耶穌。

巴拉巴對耶穌有多少認識？他離開監牢，走到耶路撒冷街上的人羣中時，他知不知道自己欠耶穌

1. 警察國家（Police State）：由警察管治的國家，通常為極權國家。

多少？由於當權者的不義，耶穌代替他被推上絞刑架。他有沒有嘗試弄清楚究竟發生了甚麼事？他有沒有在那裏多待一會，懷著好奇心，看著耶穌的故事發展至那痛苦的結局？或者，他會不會因為害怕當局會捏造一些罪名再次拘捕他而匆匆離開，以策安全？或許他是從以馬忤斯離開耶路撒冷城，還路過各各他山腳。如果是這樣，他有沒有停下腳步，望向山上，看看人們怎樣對待這個代替他受刑的耶穌？如果他有這樣做，他這個雙手沾滿血污、冷酷無情的人會受到甚麼影響？如果他有任何感受的話，那究竟是甚麼感受？是寬慰、同情、悔恨、羞愧，還是滿不在乎？

或許，巴拉巴只把這事看為自己重獲自由的機會，毫不猶疑地接受了它。在他看來，以耶穌的生命換取他的生命是十分化算的交易。如果他會滿懷苦惱地反省這事是否公平，或者有甚麼意義，也只會留待遲一步才做。現在，他會做的只是很實際地接受現實，將死亡的陰影遠遠甩在後面（這陰影籠罩了他很久，而且徹底地透入他的靈魂中）。畢竟，即使巴拉巴想改變事情的發展也是不可能的。沒有人徵求他的意見。他也沒有邀請耶穌代替他受死，所有決定都是別人作的，他也樂意把握著這個出乎他意料之外，也是他不配得到的機會。

或許，當他確定沒有人追捕他而停下來喘息時，可能會想到這件事是多麼奇怪。這是多麼荒謬啊！為甚麼在芸芸眾生中，偏偏是他不單能撿回自己的性命，而且不用為他一塌糊塗、糾纏不清的過去付上失去自由的代價。已經是下午三時了，根據正常的情況，他這時應該嚥氣了。但現在他可以做自己喜歡做的事。特赦就是特赦，看來這次也沒有甚麼陰謀。如果人生真的有機會重新開始，這次就是這樣的機會了。他心想，很不尋常地，他應該為此感謝耶穌。世事就是這麼奇怪！他很想知道耶穌心裏究竟怎麼想，祂被逼與一個人渣交換位置，陷入祂沒有參與製造的困境中。祂在應付彼拉多時應該高明一點，給予正確的答案，淡化自己的政治色彩，如果有需要，甚至應該稍微卑躬屈膝。祂本來可以逃過厄運，至多只會被有關當局為了討好羅馬帝國而扣留（「犯人企圖逃走，在被追捕時受了傷」），但卻可以保存生命。但如果這樣，死在十字架上的便是他巴拉巴，而不是耶穌了。他也不會站在那裏，面對開放的將來，思想如何度過他不曾期望會有的餘生。

巴拉巴

巴拉巴坐在黑暗而骯髒的囚室，留心聽著人羣在外面的院子走動。今天比平日更嘈吵。他坐在那裏等待：等待那快要到來的一刻，守衛會來帶他走他人生的最後一程。

他已經可以聽到城牆外傳來捶釘及鋸木的聲音，當地工人一邊聊天説笑，一邊製造施行極刑用的工具。

當然，他是罪有應得的。他奪去了別人的生命。根據羅馬法例，他應得的懲罰是被釘死在死刑架上。即使這樣，他也鼓不起勇氣去想自己將要面對的事。他見過別人被釘十字架，見過刻在他們面上的恐懼和痛苦，他也知道在十字架上可能需要很長的時間才會死去。雖然他不願意承認——甚至不願意向自己承認——他真的很害怕，不是害怕死亡，而是害怕以這樣的方式死。被釘十字架沒有甚麼榮耀可言，只有羞辱及嘲笑。他只希望自己能鼓起足夠意志力，不讓人們因為看見他沮喪、哭泣而感滿足。但願事情不是這樣……不過，現在才想事情本來可以怎樣已經太遲了。今天，巴拉巴要為他的罪行受到懲罰。今天，「公義」會得到伸張。

外面的羣眾已經相當興奮。巴拉巴心想，為甚麼人們那麼嘈吵？大約一小時前，一個從拿撒勒來，名叫耶穌的木匠，被他們帶了出去審問。耶穌公開説了一些反對猶太當局的話，使人感到驚訝。但據巴拉巴所知，祂沒有犯過任何嚴重罪行。當然，為了討好羣眾，羅馬當局會羞辱祂，或者毒打祂，然後把祂釋放，讓祂繼續過默默無聞的生活。

羣眾的呼喊聲愈來愈大。巴拉巴聽不到他們説甚麼，但他僅能聽到的幾句話卻使他極度害怕：「我們要巴拉巴！」「把他釘十字架！把他釘十字架！」就是這樣，他心想。過不了多久，一切都會完結。

外面的走廊傳來腳步聲。囚室的門栓被拉開時，巴拉巴感到自己胃裏不由自主地抽搐起來，他突然想嘔吐。門打開時，他匆匆地低聲作了一個祈禱——老習慣始終戒不掉。

接著發生的事，巴拉巴要到幾分鐘後才能理解。一定是出了甚麼錯誤。他自言自語地重複守衛的話：「好了，巴拉巴，你可以走了，你自由了。不要問我為甚麼，他們要拿撒勒人耶穌代替你釘十字架。」

古利奈人西門

揹負十字架

讀經：馬可福音十五 20 ~ 32

羅馬十字架刑罰的標準程序包括在押解犯人到刑場前先將他們狠狠鞭打。很多時候，因為需要經常使用，刑場都裝有垂直的木樁。但受刑人卻要揹負一條很重的木製橫樑，用來安裝在木樁上，造成一個十字形或T形的刑具，將受刑人釘在上面。耶穌被鞭打後，一定流了很多血，所以身體變得非常虛弱，以致不能揹負橫樑走得太遠。因此，士兵便隨便找個路人，逼他把耶穌的十字架揹到城外的刑場。

就這樣，古利奈人西門被逼參與耶穌往十字架的路。他甚至不像那些羣眾那樣，在那天特意走去觀看釘十字架這刑罰。他正往相反的方向走。他本來在野外，很可能完成了田間的工作，正要返回在耶路撒冷的家。他甚至可能沒有聽過發生了甚麼事。但對發生在自己身上的事，他卻不會感到驚訝。因為這個國家已經被別人佔領了。羅馬士兵可以逼無辜的猶太平民替他們做任何事，這是在外國人暴虐統治下的猶太人必須接受的不愉快現實。

我們所知有關西門的事，在馬可福音中只用了一節經文來交代。但這一節經文卻告訴了我們很多事。西門來自古利奈——一個北非沿岸的城市，在今天的利比亞境內。那裏住了很多猶太人，而西門肯定也是猶太人。因為他來自非洲，解讀福音書的人往往想像他是個黑人。他可能真的是黑人，一個人可以同時是猶太人和黑人，正如今天到耶路撒冷旅遊的人都會感到意外，很多年青的以色列士兵都是黑人（因為他們是法拉沙人〔Falashas〕——埃塞俄比亞的猶太人），在耶穌時代的耶路撒冷也可能有黑種猶太人。任何人都可以成為猶太人，而且很多人都歸入猶太籍。由於古代世界沒有種族歧視，沒有人會因為在逾越節期間，在耶路撒冷的猶太人和外國人中見到黑人而感到奇怪。

西門可能是黑人，但我們無從證實。不過我們可以知道，他是在猶太人被放逐時，在巴勒斯坦以外的地方出生的猶太人，後來回到聖城居住。不像那些在這星期擠滿聖城各橫街窄巷的羣眾那樣，他不是來過節的朝聖者。他住在耶路撒冷，只是在較早時到田間工作。因此，活在這個羅馬帝國統治下最麻煩的省份，他早已習慣了要經歷羅馬人施加的一些小騷擾或大暴行。

最後，馬可那一節經文還暗示西門後來成了基督徒。馬可説他是亞力山大（Alexander）和魯孚（Rufus）的父親。如果他倆不是馬可最初的讀者所熟悉的基督徒領袖，這樣形容西門便顯得無甚意義。西門意外地與耶穌發生牽連，被逼替耶穌揹十字架，但卻因此成了耶穌的門徒，雖然他從前並非信徒。然則，陪伴耶穌走十架路這痛苦經歷對西門有甚麼影響呢？

本來，對西門來説，這次十字架的刑罰與他見過的其他同樣刑罰不同的地方，只是他不幸受到牽連。所以，我們值得花時間停下來，在西門接受耶穌的十字架時，透過他那典型第一世紀的猶太人眼光，來看司法當局駭人地折磨及謀殺耶穌這件事。在第一世紀的猶太地，十字架的刑罰並不罕見。西門很可能已經見過數以百計的人以這特別痛苦的方式在十字架上慢慢死去。任何在羅馬帝國生活的人都是這樣，因為十字架的刑罰相當常見。但在猶太人居住的巴勒斯坦，十字架的刑罰卻比任何其他地方都更為常見。這野蠻的刑罰正是為了對付不久前猶太人抗拒羅馬人統治這罪行而設的。只不過在三十年前，在耶路撒冷以外便有至少二千名猶太人同時被釘十字架，其後陸續有更多猶太人受刑。羅馬人不斷將罪犯、奴隸、異見人士和叛亂分子釘十字架，故意讓在他們統治下的人清楚看見羅馬人的殘暴：以儆效尤[1]。

有關十字架的事，有一點是相當奇怪的。雖然十字架這刑罰那麼普遍，福音書敘述耶穌被釘十字架的記載卻是現存古代文獻中，對十字架刑罰最詳盡的記錄。為甚麼古代文獻在提到十字架時通常都只是輕輕帶過，沒有加以詳細描述？為甚麼那麼多古代作者，在有機會提到十字架時都避而不談？原

1. 原文為法語 *pour encourager les autres*。

因有兩個，這兩個原因也有助我們將耶穌被釘十字架一事放入當時的背景來看。

首先，對古代大部分有教養、有學識的文學家來說，十字架實在太恐怖了，他們不願意詳細談論它。設計這死刑的人是要使受刑者受到最大的痛苦：因曝曬及窒息而很緩慢地死去。施刑的具體情況往往由有虐待狂的行刑者臨時決定。十字架是令人厭惡的極刑。每個看過這刑罰的人都知道。因此，有教養的文人都不想與它扯上任何關係。但他們並非不希望有這刑罰。他們認為十字架是必須的。它可收阻嚇作用，維持社會文明。但他們卻不將它放在心上。如果他們太注意十字架，便會破壞了羅馬政府在他們心目中的形象：人道、仁慈、為所有人帶來和平及繁榮。他們抱有常見的矛盾思想。一方面，他們對自己的社會保持一幅理想圖畫，視它為一個崇尚文明價值觀的國度；另一方面，他們又很清楚，社會的穩定是靠一個殘酷及恐怖的系統維持的。十字架的刑罰是公開進行的，令人十分厭惡，但卻必須這樣公開，以起阻嚇作用。不過，人們卻更徹底地將它排除在文學和文化以外，讓羅馬帝國可以繼續頌揚自己的榮耀。像凱撒大帝（Julius Caesar）這樣偉大的將領和普林尼[2]這樣的傑出的省長，經常判別人受十字架這刑罰，但在寫回憶錄時卻對此隻字不提。

古代文獻甚少記載十字架這刑罰的另一個原因是：被釘十字架的都是微不足道的人。有關當局不能將羅馬公民和社會精英這些重要人物釘十字架。十字架這刑罰是為低下階層、奴隸和外國人而設的。這刑罰特別針對那些反對政府的罪犯以及造反的奴隸（造反不一定是甚麼嚴重事件，羅馬詩人賀拉斯[3]曾舉了一個例子：一個奴隸只因為在送湯到飯桌途中偷偷嚐了一口湯，奴隸的主人便下令把他釘十字架）。十字架讓羅馬政府可以維持這個龐大的帝國，也維持著社會的奴隸制度。正是因為害怕奴隸造反、破壞社會秩序；害怕像猶太人一類屬土的人民會推翻他們的統治，羅馬政府才從羅馬到耶路撒冷將數以千計的人釘十字架。

---

2. 普林尼（Pliny）：古羅馬有兩個普林尼，大普林尼（23～79）為羅馬作家，共有作品七部。小普林尼（61～122?）為大普林尼的養子，亦是羅馬作家，曾任執政官（100）、比希尼亞總督（111～112），以其九卷描述羅馬帝國社會生活及私人生活的信札著稱。作者提及的普林尼應為小普林尼。

3. 賀拉斯（Horace, 65～8 B.C.）：古羅馬詩人，從傾向共和轉而擁護帝制，寫詩歌頌奧古斯都的統治。作品有《諷刺詩集》、《歌集》、《書札》等。《書札》中的〈詩藝〉對西方詩歌有過很大影響。

羅馬政府吹噓帝國內秩序良好、很和平、很安全[4]，但在這一切背後卻充滿暴虐。大部分人的和平和成功都靠這樣殘酷地對待異己來維持。十字架對這些人有利，他們把帝國的文明理想化，享受著這文明帶來的種種好處。他們隨時可以忘記十字架這刑罰，因為十字架正可以使他們忘記那些微不足道的人，即那些可以被除掉、為了社會那虛幻的安舒而付上代價的人。他們可以真正徹底忘記社會這些受害者，因此也就沒有人談論十字架了。

所有社會都有受害者，而大部分社會都有辦法壓制他們、忘記他們。典型的例子是現代一些獨裁者以他們的宣傳技倆作為掩飾，利用行刑室和監獄，以及使人突然消失等辦法對付異己；還有波斯尼亞（Bosnia）的萬人塚和圍繞他們的沉默同謀者。今天有一個世界性的現象，就是試圖清理城市，使這些城市變成吸引遊客和來公幹的商人的地方。方法是將那些以其難看的真面目示人的乞丐和街童趕走。藉著壓逼及忘記那些受害人來維持人道社會這假象是相當誘人的。但是，如果我們不想自欺的話，我們必須極力反抗這種做法。

4. *Pax Romana*：拉丁文，意為羅馬帝國統治下的和平。

現在我們大概開始明白，為甚麼當古利奈人西門和他的兒子開始宣揚耶穌是被釘十字架的神這福音時，羅馬人會那麼反感。一個神竟然像叛亂分子和奴隸那樣被處死。一個神竟然像那些無關重要而且應被忘記的受害人一樣。這樣的神使人十分反感，祂將羅馬文明殘暴的一面暴露出來，顯露出在有禮貌的交談中不應提及的橫蠻，正面摧毀羅馬社會的幻象。耶穌本來應該在被遺忘的受害人之列，十字架在祂身上所做的應該像它在數以千計其他人身上所做的一樣，我們對祂也應好像對這些人一樣一無所知。但事實上，人們沒有忘記耶穌。祂被釘十字架的故事一再被人提及。兩個世紀之久，羅馬社會試圖像對付其他人一樣，壓制人們記念這個被釘十字架的人，但這次他們卻失敗了。人們記念這受害人，也記念祂與所有被遺忘的受害人同一，與所有經歷恐怖及折磨的受害人同一，與所有無關重要的人——即為那些自認為很重要的人那舒適的假象而付上代價的人——同一。耶穌與所有這些人結連，使他們也沒有被人遺忘。

那麼，西門揹著耶穌的十字架走向各各他，並且在士兵將耶穌釘十字架時留在那裏觀看，他究竟看到甚麼？一個似乎是在羅馬帝國每天都見到的情景。對一個耶路撒冷的猶太人來説，這只不過是另一次嚴酷的壓逼，他不明白神為甚麼會讓這些人受苦。當然，耶穌是那三個受害人中的一個。另外兩個人都是強盜。他們與很多猶太人一樣，在經濟困難時，無力交租和納税，只好鋌而走險，走到山上，組成賊黨，打劫富人。他們屬於農民反抗力量的一部分，對抗權力系統、對抗那些與壓逼他們的羅馬人勾結的猶太貴族。他們並非有理想的革命分子，只是被經濟困境逼使他們與猶太反對勢力結盟。他們正是羅馬政府要釘十字架的人，因為羅馬政府視他們為威脅社會秩序的人。羅馬人將耶穌也當作這類人看待。耶穌與其他人都被壓制，因為羅馬人需要維持自己心目中的社會秩序。那些祭司嘲笑祂，因為他們與羅馬人意見一致。他們要犧牲耶穌這樣的人以維持社會秩序。

毫無疑問，透過被牽連到十字架刑罰中，西門對這刑罰使人心寒的恐怖有更深的體驗。他　定覺得自己已經很幸運，只需要揹十字架，而他很多同胞卻像這三個人一樣，要死在十字架上。但他一定也從耶穌身上發現了一些特別的地方，那令耶穌並不只是眾多受害人中的一個而已。

像其他受害人一樣，耶穌當然也是受害人。祂的衣服是士兵的合法戰利品，也是人類尊嚴的最後象徵，現在卻被拿掉，使祂的地位降為徹頭徹尾的受害人。經過很多個小時的痛苦後，祂終於喊出：「我渴了」（英王欽定本）。祂不單因為痛苦而呼喊，也因為受害人的無助而呼喊，最後變成為了向對祂施行刑罰的士兵要求憐憫而呼喊。那些旁觀者對祂的嘲笑使祂感到無助。如果祂死得出人意外地快（有些犯人被掛在十字架上幾天才死），那是因為祂完全被遺棄，甚至連神也遺棄了祂，祂成了一個無人關心的受害人。

耶穌受死，與所有其他受害人——例如被掛在祂兩旁的那兩個人——認同。祂進入黑暗之中——很多人已進入同樣的黑暗，現在仍然還有很多人進入那黑暗。但耶穌本來可以避免進入這黑暗。在之前的幾天甚至幾個星期，祂都有很多機會可以逃過這黑暗，但祂選擇以這樣的方式與那些受害人認同，祂這樣做並不是為了祂自己，而是為了那些受害人；也不是為了甚麼個人利益，而是為了祂的使命，就是在愛中與那些受害一起，為他們犧牲。福音書告訴我們，耶穌被掛在十字架上時，有人拿了些麻醉劑給祂，以減輕祂的痛苦。考慮到宗教上要求她們有憐憫之心，耶路撒冷的婦女通常都會為受刑者預備一種加了香料、含酒精的飲料，以麻醉受刑者，讓他們不會感到太痛苦。但耶穌拒絕喝那飲料，因為祂已決定了要喝盡那苦杯。祂清醒地進入那些受害人的黑暗中，因為祂要分擔那些被隱藏在黑暗中的人的命運。

像他們一樣，耶穌也是一個苦難的受害人。如果祂同時勝過這痛苦，祂是以愛勝過這痛苦。受苦沒有把耶穌孤立起來。雖然受苦經常使人失去關懷別人的屬靈力量，但卻沒有使耶穌失去這力量。相反，即使被掛在十字架上等待死亡時，祂充滿愛心的關懷仍然傳遞給四周的人。這關懷傳到和祂一起被釘十字架的人身上；傳到祂傷心的母親身上；甚至傳到那些執行死刑的人身上。祂為他們祈求神的赦免。古利奈人西門有沒有留意到這點？他是否留意到耶穌對他人充滿愛心的關懷，因而感到這個被釘十字架的受害人即使像其他受害人那樣悲慘，但仍是與別人不同的？西門當時一定很強烈地感到羅馬政權的殘暴，但他也一定開始在耶穌身上看到，耶穌並非只是另一個受羅馬政府逼害的人，也並非只是另一個反抗羅馬政權的勇敢猶太英雄；而是一個給那些被折磨者帶來神的愛，甚至也給那些折磨別人者帶來神的愛的人。

耶穌甘願受死。但我們不應將祂的死想像為自殺。自殺通常是個人逃避現實的方法。羅馬作家塞內加[5]認為，自殺比被釘十字架好得多。耶穌被釘十字架並非一個個別的死亡方式，而是一個最深地與別人契合的旅程。耶穌自願接受的是由別人強加給祂的不公平對待。身為一個無辜受害人，祂與所有其他無辜受害人契合。祂被判為罪犯，與所有被公正或不公正地判罪的人認同。祂受苦及受死，與人類歷史上所有受害人認同。因為受苦並不單是人生的實況，沒有人需要負責，雖然有時確是這樣。受苦經常是因為有些人自私自利、貪心、忽視他

5. 塞內加（Lucius Annaeus Seneca, 4B.C.～65A.D.）：古羅馬哲學家、政治家和劇作家，尼祿的老師。因受謀殺尼祿案牽連而自殺。哲學著作有《論天命》、《論忿怒》、《論幸福》等，悲劇有《美狄亞》、《伊狄浦斯》等九部。

人，而使別人為他們付上代價。這個叫耶穌的人，出於愛而受苦，也在受苦中付出愛，正顯出神以愛與所有受苦的人契合。

對我們來說，跟隨耶穌走十字架的路必須包括記念那些耶穌與其一同受苦、與其認同的人，特別是那些很容易被遺忘的人、那些被囚在世界各地牢獄中的人、那些被政治宣傳技倆隱藏起來的人、那些被遺棄在世上幽暗地方的人、那些被軟禁在家裏，而且很少人探訪的人、和那些受可怕的個人哀傷或獨自承受創傷的經歷所封限的人。被遺忘和被忽略的痛苦是多種多樣的。要記念這些受害人，我們必須與耶穌走十字架的路，超越幻想，進到這世界那殘酷的現實中。這是一個要付出很大代價而且很困難的任務，但像古利奈人西門那樣，我們會發現，這樣做會使我們更接近耶穌。

一個禱告

與古利奈人西門——
這個受羅馬人暴虐，
見證羅馬人壓逼的人一起，
我們看到這世界的不公平：
強者壓逼弱者，
富人剝削窮人，
人們被貪婪支配，
世界受到破壞。
我們也認出祢，
主耶穌，
是受害人中的受害人，
但遠不只此：
祢選擇了作受害人。

在將祢處死的暴行中，
我們看到那可以
醫治世界的愛。

幫助我們從祢那身為受害人之一
的角度看世界。
使我們能夠像西門那樣，
分擔祢的十字架，
也就是那些受害人的十字架。

〈在聖地牙哥分擔基督的十字架〉

希拉・卡西迪[6]

我在查卡布林（Chacabuco）這裏開始在智利（Chile）的邊緣人中工作。幾個星期後，我開始喜歡他們。他們可能喝醉了酒，甚至肯定是酒徒、流氓、妓女，但他們是熱情的人，沒有太多要求，只懷著感激的心接受我們可以為他們做的事。他們大部分都是四處飄泊的人，我們很快地替他們檢查身體，如果時

6. Sheila Cassidy, 'Sharing Christ's Cross in Santiago'.

間及能力許可（並不是一定可能），便給他們一點安慰，然後送他們去接受注射或藥物，或者給他們一份文件，到隔鄰教學醫院的專科診所看病。他們中有些人回來拆線或包紮特別麻煩的傷口，後來他們都和我成了好朋友。有些人送禮物給我，使我格外感動，因為他們都很貧窮。有時，我被捲入他們的困難中，因他們的困難之大，也因自己的無能為力而感沮喪。

胡安妮塔（Juanita）是一個二十二歲的女孩子。每隔幾個星期，她癲癇發作後便會來這裏。一個星期天早上，我吩咐別人替她注射後，跟她一起的女人告訴我：「她已經四天沒有吃過東西了。」我更留心地看她，發覺她很瘦弱，面色很蒼白。我問她是否真的四天沒有吃過東西。事實真是那樣。那天是星期日，沒有社會服務可以提供給她，而她又弱得站也站不穩，所以我收納她入病房。我詳細向她問話，才完全清楚她的悲慘故事。她的癲癇症不是天生的。她本來是一個游泳教練。有一天，她在工作時跌進一個空的泳池，頭部先著地，頭骨破裂，頸骨折斷，在醫院住了很多個月。出院後幾個月，她開始頻密地出現癲癇症狀。一年前，她母親去世，父親與另一個女人同居，遺下六個小弟妹給胡安妮塔盡力照顧。我努力幫助她，安排社工與她見面，但她仍找不到人照顧她的弟妹，也不能從游泳池的主人那裏得到任何賠償。我最後一次見到她是她在我剛準備下班時來到，我讓她入住腦科醫院，在那裏，他們會嘗試控制她的癲癇。不過她的故事結局並不美滿。

另一個令我沮喪的個案是關於一個三十三歲的少婦的。她患了末期子宮癌。放射治療部的人明確告訴她，他們對她已無能為力。她第三次來接受止痛注射後，我寫了一封信給在我們隔鄰的聖胡安德狄俄斯醫院（San Juan de Dios Hospital）的婦科部，他們讓她入住那裏，等待死亡。我有一位美國朋友在她的教區工作，這位朋友到醫院探望她，在她生命最後幾個星期帶給她一點安慰。我有很多病人都充滿哀傷，生活過得很苦。

當我花更多時間祈禱，嘗試將我對神不斷增長的愛付諸行動時，我更努力在我的病人身上尋求祂。我記得馬太福音第二十五章這樣記載：「我病了，你們看顧我。」我努力使自己更關心別人、更溫柔，大部分時間我也做得到。不過，當我疲倦、饑餓或感到煩惱時，我不會好心好意，也會失去幽默感，而且變得沒有耐性、不友善。

對我來說，基督道成肉身不單是過去的事，更是我不斷尋求和發現的事。我花很長的時間在我的山頂祈禱，在神的造物中更感受到神的存在。

「世界充盈著神的偉大：

祂的偉大會像振動的金箔般閃耀。」

霍普金斯：〈神的偉大〉[7]

當太陽在安第斯山脈（Andes）後面，或者在洶湧的大海後面落下時，我們很容易看到神的形象。但基督在祂造物中的形象卻是很暗晦的，我們很容易忽略。

「祂今天在哪裏？

祂是黑人

在密西西比（Mississippi）一條街上

被毒打；

祂從馬桶坐圈上跌下來

死去

手臂上留有靜脈注射的針孔；

祂站在一角，酩酊大醉；

祂被當作私生子[8]

---

7. G.M. Hopkins, 'God's Grandeur'.

8. 私生子：原文為縮略語OW。這個縮略語有很多不同的意思。最有可能的是"out of wedlock"，即私生的，因此譯者將這個縮略語譯為私生子。

收進城中一家醫院的產科病房；

祂是二十個人住在一個簡陋房間；

祂是十個人住在一間阿巴拉契亞[9]的陋室；

祂是這一切，還有更多。」

克里斯托弗·威廉·瓊斯：〈聽覺朝聖〉[10]

時間星期復星期，月復月地過去，我繼續我的追尋，將乘公車上班和其他空閒時間都花在禱告上。我的恆心得到回報，我愈來愈能夠在聖地牙哥那些破碎的人中看見基督。

9. 阿巴拉契亞（Appalachian）：位於北美洲的山脈。

10. Christopher William Jones, 'Listen Pilgrim'.

抹大拉的馬利亞

忍受黑暗

讀經：馬可福音十五 33～41

✣

耶穌事奉期間有兩種門徒。一種門徒跟隨祂到不同地方傳道、治病，後來跟隨祂最後一次到訪首都耶路撒冷——祂命運的終站。這些是狹義上的耶穌門徒。但耶穌還有些門徒是留在自己家裏的，像伯大尼的馬利亞、馬大和拉撒路。他們沒有跟隨耶穌到不同地方，卻在耶穌到訪他們那裏時歡迎祂到他們家裏。

在第一類跟隨耶穌到不同地方的門徒中，大部分讀者都會立即想到耶穌所揀選的十二個門徒，他們的數目象徵以色列十二個支派。當然，這十二個門徒都是男人。但除了這十二個門徒和其他男門徒外，還有一些女門徒跟隨耶穌在巴勒斯坦行走，最後跟隨祂到耶路撒冷。這些婦女中，我們只知道其中七人的名字。我們值得在這裏提出她們的名字，因為比起那十二個門徒，沒有太多人記得她們。她們是：耶穌的母親馬利亞；耶穌的嬸母，她是另一個瑪利亞，即約瑟的兄弟革羅罷（Clopas）的妻子；希律家宰的妻子約亞拿（Joanna），一個上流社會的富有女人；蘇撒拿（Susanna）；撒羅米（Salome）；雅各和約西的母親馬利亞；和抹大拉（Magdalene）的馬利亞。在這些婦女中，有些我們只知道很少關於她們的事，正如我們對十二個門徒中很多人也幾乎一無所知。但我們知道這些婦女在耶穌被釘十字架時都在場，但那十二個門徒卻沒有一個在場。所以如果我們要在耶穌被釘十字架時與祂一起，我們必須與這些女門徒一起。

在這些女門徒中，除了耶穌的母親外，我們最熟悉的是抹大拉的馬利亞。但我們對她的認識並不如很多人以為那樣多。很多人以為她是一個妓女，但這並非事實。福音書從沒有這樣描述過她。不過，我們對她的認識已足以讓我們透過她雙眼看十字架上的耶穌。

像大部分跟隨耶穌到不同地方的門徒一樣，馬利亞也是來自加利利的。她來自一條叫抹大（Migdal）或抹大拉（Magdala）的小村莊。她屬於福音書形容為被鬼附的那類人。但這並不表示他們是大罪人，他們只是被邪惡力量控制著生命，那力量對他們造成心理傷害。被鬼附的人並非邪惡的人，他們只是受邪惡力量折磨。耶穌沒有饒恕他們，只是釋放他們。福音書告訴我們，抹大拉的馬利亞被七隻鬼附身，後來耶穌將那七隻鬼從她身上趕出來。「七」這個數字顯示在她身上的邪惡力量是絕對的。她完全失去自制能力。在那些認識她的人眼中，她完全是精神錯亂，彷彿變成了另一個人。一些別的東西控制著她。她的聲音不同了，她那雙瘋狂的眼睛流露出一些外來的邪惡東西。有時她很暴戾，需要人們制服她。有時，如果人們不能阻止她，她甚至會傷害自己。

耶穌釋放了抹大拉的馬利亞，使她回復正常，她也成了耶穌一個相當忠實的門徒。馬利亞成了耶穌的門徒後是怎樣的？惡魔離開她後，她好像從完全而永久的黑暗牢獄中被釋放出來。耶穌帶她走進她完全意想不到的曙光之中，一切都是全新的，令人難以置信，神的恩典及美善隨處可見。馬利亞跟隨耶穌，希望她的黎明能夠成為神偉大的光明，可以照亮在黑暗中的萬物。無論他們到那裏，耶穌都把很多很多其他人從惡魔手中釋放出來，醫好人們的疾病和殘疾，把他們從罪和死亡中拯救出來。耶穌與門徒所到之處，黑暗都撤退，光明卻出現。魔鬼的牢籠被破開，囚犯都重獲自由。耶穌的愛和強而有力的命令擊敗了魔鬼的強暴。神的國快要來臨。

馬利亞站在十字架旁時有甚麼感受呢？黑暗已經重臨。正午時分，異常的黑暗卻籠罩著各各他。但外在的黑暗只象徵進入各各他時馬利亞靈魂的黑暗。她生存的惟一目標只落得這個結果。她已失去她為之而活的那個人，她將所有希望寄託在祂身上，但現在她的希望已經落空。祂曾在她身上擊敗邪惡，但現在卻為邪惡所敗；祂曾將她從折磨她的暴力中釋放出來，現在自己卻受這暴力折磨。事實證明，黎明只是假象；黑暗重臨，像從前那樣包圍著天地萬物。

當然，抹大拉的馬利亞在各各他進入的黑暗，並不單是回到惡魔囚禁她的牢籠那孤立的痛苦中。

現在她並非進入自己的黑暗，而是進入耶穌的黑暗。耶穌的黑暗是全世界的黑暗。她曾相信，全世界的希望都寄託在祂身上。本來充滿希望，現在卻完全絕望，使人感到很淒涼。對馬利亞來說，她和世界都再沒有光明。只有各各他的荒涼及黑暗圍繞著她。她看著耶穌痛苦地死去，聽到祂的敵人嘲笑祂說：「他救了別人，不能救自己。」因為祂不能救自己，所以祂再也不能救別人。光明消失，黑暗重臨世間。

但我們與抹大拉的馬利亞一同站在十字架旁時，不應該只想像她的悲哀，我們也應該知道，她至終都是耶穌忠心的門徒。她忍受了黑暗和悲哀。雖然她沒有能力幫助耶穌，但卻仍然留下來，看著自己不忍看的事。馬利亞的忠誠使她來到這個哀傷之地，留在那裏度過那黑暗的三小時。她留在黑暗中，忍受所有的希望破滅。她知道她不會得到安慰。她留下來陪伴耶穌，只是基於對耶穌的忠心和愛。因為她留下來，忍受黑暗，跟隨耶穌的遺體到墳墓，回到墓地再次經歷悲哀時發覺耶穌的屍體被移走；因為她即使在黑暗中，在得不到安慰時，仍舊忠於耶穌；她甚至在復活節那天仍然留在那裏，所以她成了那個光明的早上第一個見到基督復活的人。

馬利亞以為神的光照亮天地萬物，她並沒有錯。她在自己得釋放中看見希望，看見所有人類和萬物都會從邪惡中得釋放，這也沒有錯。但耶穌必須親自進入黑暗中，才能為所有人帶來光明和釋放。因此，馬利亞感到悲哀也沒有錯。黑暗、暴力、被邪惡制服也是真實的。耶穌忍受這一切，也得不到安慰。祂的父神離棄祂，讓祂受死。祂喊叫說：「我的神，我的神，為甚麼離棄我？」各各他的黑暗反映耶穌的悲哀，馬利亞真正進入了祂的黑暗，並忍受著這黑暗。對馬利亞的要求正是在毫無光明、毫無希望、毫無安慰中仍舊保持忠誠。她與耶穌一同忍受世界歷史中最黑暗的時刻。反過來說，祂在死亡和孤寂中也與她一同忍受那黑暗。

只有這樣，復活之光才能降臨整個世界。這是救恩的奧祕：耶穌並沒有發出命令或揮舞魔杖令黑暗消失。祂進入黑暗之中，走到世界最荒涼最無助的深淵裏。在眾多深淵中，祂進入那折磨馬利亞的那七個惡魔的囚牢中。祂躺在奧斯維辛[1]那些被活活燒死的嬰孩的屍體中，分擔他們父母那無法得到安慰的麻木恐懼；祂坐在受詛咒的孤獨黑暗囚牢中，無論那囚牢是身體上或精神上的；祂感受波斯尼亞（Bosnia）和盧旺達（Rwanda）的集體黑暗。當愈來愈多人屈服於那黑暗時，黑暗更為加深。耶穌親歷那深深的黑暗，因為只有這樣，祂才能將祂在黑暗中找到的人都帶到新世界的黎明中。祂像被完全棄絕的人那樣死去，以致被最徹底地棄絕的人也能分享祂的復活。

但抹大拉的馬利亞對這一切一無所知。她只是忍受著那黑暗，甚至在悲哀中仍忠於耶穌。

如果我們大部分人並不經常發現自己身處這樣的黑暗，我們也一定認識一些正在或曾經身處這樣黑暗的人。我們都認識一些人，他們發現自己實在有太多時候身處這樣的黑暗中。我們也認識一些人，他們一生都活在這樣的陰影之下。我們所有人都不時瞥見這樣的黑暗，有時可能只維持一段很短的時間，我們對自己的人生感到無望，一切都似乎毫無意義，或者我們對邪惡的世界感到心灰意冷，

1. 奧斯維辛（Auschwitz）：第二次世界大戰時希特勒在波蘭市鎮奧斯維辛建立的集中營。

似乎不可能再信仰神。這些時間可能轉瞬即逝，但卻是真正瞥見各各他的悲哀。我們或許有維持更久的經歷，例如在喪親時，彷彿每天都要經歷淒涼，所有希望都顯得不真實。這些可能是外在的經驗：失去親人或失去其他東西，被孤立或感到孤單，被拒絕或受苦。但也可能完全是內在的感受：情緒低落或沮喪，或更糟的是，感覺不到神存在。在這些經驗中，黑暗彷彿籠罩著我們，壓向我們，令我們再看不見未來還有甚麼東西值得我們活下去。

有兩條途徑可以將這些黑暗的經驗聯繫到耶穌在各各他十字架上的黑暗經驗。首先，我們發現在黑暗中耶穌與我們同在。祂在十字架上分擔我們的黑暗。在我們的黑暗中，祂充滿愛心的同在照亮那黑暗。在悲哀中，我們發現祂與我們同在，安慰我們。因為祂甚至受過被神離棄的痛苦，所以即使我們被離棄時，祂也是與我們同在的神。就好像我們在囚牢中，得到別人探訪，那人很愛我們，甚至分擔我們的經歷。耶穌將神的愛帶到我們的黑暗中，驅走在我們黑暗的中心那不被愛的感覺。或者，我們看到世界的黑暗，在像盧旺達等充滿殺戮的地方，神彷彿不在場；又或者，在我們社會中許多忽略神或憎恨神的黑暗之地，我們仍可以看到神的同在，因為我們在各各他的黑暗中見到神。

這就是我們在自己的黑暗中對十字架的第一種經驗：耶穌的同在，將神的愛帶到我們這個沒有愛的世界，在我們被遺棄時帶來神的同在。但還有第二種對十字架的經驗，這經驗與抹大拉的馬利亞的經驗更接近。有時，在我們自己或世界的黑暗中，我們只找到耶穌忍受的那種黑暗。我們感覺不到神存在，而且持續有這感覺。我們看不到希望，也找不到安慰，只感到自己在黑暗中，與孤寂的耶穌一起。像馬利亞一樣，我們能夠做的只是留在黑暗中等待，但卻不知為甚麼要等下去。馬利亞留下來，只因為她的愛心和忠誠。由於她對耶穌充滿愛和忠誠，她沒有其他地方可以去。正如對馬利亞一樣，這樣的經驗令我們對神有全新的體驗。但看起來卻並非這樣。正如對馬利亞一樣，對我們來說，那裏只有黑暗，只有忠誠的人才會留下來，堅持下去，直到像馬利亞在花園裏的空墳墓旁邊感到驚訝時一樣，我們聽到後面傳來一把聲音，起初我們可能認不出來，後來卻發覺，竟然是復活的基督按我們的名字呼喚我們。

一個禱告

神——我們主耶穌的父，

我們記得那些人，

像抹大拉的馬利亞一樣，

在正午遇到黑暗，

遭逢令人極度沮喪的損失。

我們為那些人祈禱，

他們為了忠於耶穌

而忍受祂的悲哀。

求祢在黑暗中與他們同在，

直至祢與他們同在的光明再照亮他們。

我們為那些人祈禱，

他們在哀傷中

還未認識耶穌——

求祢讓他們在耶穌的哀傷中

發現祢在他們的哀傷中

與他們同在。

在沒有祢的愛的世界

這困境中；

在這個拒絕祢同在的

世界的悲劇中，

幫助我們將耶穌被釘十字架

看為祢與黑暗的世界同在。

幫助我們在祂那裏

找到祢對祢的世界那永恆的愛，

在祂的信心中發現祢對世界的計劃，

幫助我們在祢與祢所有創造物的同在中

找到我們對正午陽光的盼望。

我們為自己祈禱——

當死亡的陰影臨到我們

或監獄的門把我們關鎖起來時。

主耶穌，

讓我們不要無視在加略山上的祢

也不要在花園中沒有遇見祢。

〈神在黑暗中〉

寫於作者的兒子在二十五歲時突然逝世後

尼古拉斯・沃斯達史托夫[2]

我身陷絕境。神啊，是祢把我帶到這境地的。我年幼時已聽聞祢的名字。我從年幼時已相信祢。我與屬祢的人一同生活：與他們一起祈禱，一起工作，一起唱歌，一起聽祢的話，一起尋求祢的同在。對我來說，祢的擔子是輕鬆的。祢的同在向我微笑。

但現在正午已經變成黑暗。就如她說：「他死了。」那樣快，光明也消失了。在這一片漆黑中祢在哪裏？我學習在光明中窺探祢，但在這黑暗中我卻找不到祢。如果我不曾尋找過祢，或曾經尋找過但卻找不到，現在我便不會因為祢不在而感痛苦。或者，我是否活在祢令人難以捉摸又使人煩惱的同在中，而不是活在祢的不在中？

我雙眼能否適應這黑暗？我能否在黑暗中——不是在殘留下來的光中，而是一片漆黑中——找到祢？有沒有人曾經在那裏找到祢？他們喜歡自己見到的東西嗎？他們見到愛嗎？當光明變為黑暗時，是否

---

2. Nicholas Wolterstorff, 'God in the Darkness'.

仍有歌曲可以唱？我所學過的歌曲都是有關讚美、感恩和悔罪的。或許，在黑暗中，最好是靜默地等待？

〈三小時的黑暗〉

盧格．桑托斯[3]

現在是第六小時，黑暗籠罩全地。

為甚麼天色會在這時變黑？天與地之間發生了甚麼事？情景仍是一樣，沒有人想出甚麼新方法折磨犯人，士兵仍在為祂的衣服抽籤。祂仍在受苦，人們預期祂會死。但現在發生的其實是死亡中的死亡。在那三小時中，直至第九小時，祂都在與一個更壞的劊子手搏鬥，在經歷更可怕的毀滅。像在園中一樣，可怕的死寂再次出現。但現在的情況還要糟一千倍，因為突然間一切—— 祂的仁慈與人的邪惡，好像輕柔的玉米田和蹂躪它的臭鼬—— 都變得完全荒謬、毫無意義。

從第六小時開始，垂死的基督成了一個孤兒。祂不再有母親，因為祂已將她交託別人。現在在祂眼前

3. Luigi Santucci, 'Three Hours of Darkness'.

天父也彷彿死去；在那黑暗的三小時裏，祂受盡痛苦，因為天父只存在祂腦海中。

「我的神，為甚麼離棄我？」

祂在十字架上說的其他話都是從一個衰竭的身軀發出的微弱呼聲，但這句話卻是大聲說出來的；這呼喊要傳至最絕望、最遙遠的地方，傳到那些對那呻吟及鮮血無動於衷的人那裏。所有重溫這受苦故事的人，在童年時都聽到一位教士說：「但我的生命比那天下午在十字架上的生命更糟。」

在那黑暗中，祂是那些人的神。在人類因致命的弊病而感到最憂傷、最窒息的深淵中，地獄在哪裏？它在這裏：基督投身進去，與那些失去天父的人一樣不快樂；因為祂永遠不想在活人中出生、死亡，除非祂與我們一同度過那第九小時。

十架下的百夫長

一個偶然的見證人

讀經：馬可福音十五 33 ~ 39

✝

「這人真是神的兒子。」我們可能會想，究竟這個身經百戰的專業軍人看見甚麼，使他發出這驚人的表白？我們永遠也不會知道他這話的確實含義，但這話卻成了在耶穌受苦及受死的卑微中一個出人意表的定論。

讓我們先想一想這個人。他可能到過當時已為人知的所有地方，見過很多事情，也一定參與過很多戰役。他對死亡和死亡帶來的一切都相當熟悉。但現在，他獲擢升為百夫長，卻發現自己被派到帝國最遙遠的地方，執行一個絕不光彩的任務，就是作為彼拉多行刑隊伍的指揮官。他日復一日執行分派給他的任務，以最野蠻的方式除去巴勒斯坦地那些最卑微的罪犯。或許，每天他將犯人處決後，回到家裏，見到自己的妻兒時，可以暫時忘記那不快、忘記那些受刑者的呼喊、忘記羣眾對受刑者以及行刑者的鄙視。或許，他不能忘記這一切。但即使他仍有一丁點兒敏感，這敏感也早已不能再令他對別人的死以及他們的死亡過程有任何反應。無論他的部下在釘十字架的基本形式以外想出甚麼花樣來娛樂自己，每一件發生在各各他的死亡事件仍然只像所有其他死亡事件一樣。

今天，他帶領部下操至那偏僻荒涼的山上，當他們把犯人像待宰的牲畜般帶到刑場時，他會監督拿撒勒人耶穌釘十字架的刑罰。突然，出乎意料地，他發現耶穌的死對他產生影響。他曾見過人們這樣死，但這個人的死卻有些特別之處，令他留下深刻的印象，引致、甚至逼使他說出那句幾乎是不自覺說出的話：「這人真是神的兒子」。這究竟是一個陳述，還是一個問題？是一個小心作出的判斷，還是只是一句衝口而出，沒有考慮聽眾反應的話？但這肯定不是普通士兵預期他們的長官會說的話！

這句話充滿反諷意味。耶穌只是芸芸被釘在十字架上的可憐人中的一個。這些十字架堆滿巴勒斯坦路旁，它們有助羅馬司法當局實現那無情的效率，也令犯罪率逐漸下降。從人的角度看，我們對耶穌這個可憐人可以得出幾個不同的結論。但在這樣的環境下，我們很難看出祂是神所愛、所祝福的人。這樣看祂很難令人接受對祂的信仰。神肯定不會容許祂所愛的人得到如此可怕的下場吧？猶太人認為被掛在樹上的人都是被神咒詛、被神拋棄、毫無希望、不會得救的，這一點也不奇怪。對耶穌時代任何受過正統主日學一類教育的人來說，被釘十字架毫無疑問是被神拒絕的標記。

驟耳聽來，垂死的耶穌在十字架上所說的話似乎證明了這點，而不是否定它。「我的神，我的神，為甚麼離棄我？」正如我們剛才發現，在十字架上的耶穌面對的黑暗，不單是肉身受折磨和傷害，不單是無法避免的死亡，更是完全與神隔絕，完全被神拋棄。這是一個相當有力的記號。在這個背景下，聽到耶穌這話的人，竟會得出一個結論，認為耶穌真是神的愛子，神非常喜悅祂，不斷向祂傾出愛、關心和祝福。這實在充滿反諷意味。

較早時，福音書讓我們進入那祕密，發現事實就是這樣。福音書把耶穌描述為一個一生都不斷在禱告中與祂的父親對話的人。祂一直都以遵行天父的旨意，為天父做事為樂。馬可福音開始時，耶穌受洗，天上傳來一把聲音，讓我們絕不會懷疑神對耶穌的評價。百夫長在福音書結束時的認信清楚地回應及肯定這評價，為馬可對耶穌的評價建立了一套神學上的書擋，首尾呼應。要耶穌第一次經歷與祂所愛的父親分離，那痛苦是多麼可怕啊！或許，耶穌在十字架上説出這話時，那明顯的真誠和痛苦，衝破了百夫長那經年接觸死亡和貶低人格而形成的麻木，刺入了他的內心和靈魂。這個在十字架上的人是愛神的人，因為只有真正懂得愛的人才會因分離而傷得那麼深。

耶穌在十字架上的呼喊好比一個小孩子意外地與父母分離後在人羣中發出的呼喊。那是愛的呼喊，因發現自己顯然面臨失去愛而發出。那愛是相互性的、是連綿不斷的、也是賦予他身分的，他和他的世界都賴以生存。當失去這愛的經驗時，哪怕只是一會兒，那小孩子也會因為害怕和痛苦而呼喊。對耶穌來說，要祂與天父分離是最可怕的事。比較起來，那鐵釘和鞭打帶來的痛苦實在微不足道。

百夫長斷定，這個可憐兮兮、筋疲力盡、被弄髒、被虐待、充滿憂傷、受到最不公平對待的人，曾經是、現在也是神的兒子。他不大可能得出這個結論。但雖然表面看來並非這樣，基督教信仰卻驅使人作出這樣的結論。這結論也逼使我們重新思考我們對神的一貫看法，重新思考我們使用或聽到神這個名字時自然會想到的形象，重新思考我們附加給神的一切職責。正如斯塔德特．肯尼迪的詩〈在高處被提升〉[1]提醒我們那樣，我們經常將神看為擁有無限能力、榮耀、威嚴、光輝，將神看為好像我們人類中那些君主和霸王一樣。那能力似乎大得沒有留下任何空間給脆弱、痛苦、軟弱或神聖的憐憫。

但百夫長的話卻播下了種籽，讓我們撕破我們對神這個觀感，這新的領會遠遠超過百夫長的意圖，但卻將他這句話的邏輯推向最根本和最出人意表的結論。神和十字架．神和受苦、神和屈辱、神和哀傷以及痛苦、神和悲劇：這一切並非互相排斥

1. G.A. Studdert Kennedy, 'High and Lifted Up', 引文見本書頁 149。

的。死在十字架上的人可以是神自己的兒子，因為神並非不能或不願意有這些經歷。只有將十字架看為（亦必須如此看）耶穌是神在我們中間，是那位以馬內利，是那位偉人的「我是」，只有在這樣的亮光中我們才可以得到這個最根本的結論。這樣一來，我們不能說身為神意味著祂偉大到足以吞併各各他的黑暗，而要說各各他本身可怕的黑暗比世界任何別的東西更能顯示神的特質和愛，在耶穌的痛苦和脆弱中，神最完全地顯現祂自己。

有很多人講道或著書，嘗試解釋十字架上發生了甚麼事。但某程度上，這故事的影響在於講述它而不是對它加以分析或解釋。當我們與百夫長站在一起，觀看所發生的事時：我們會發現自己被吸引進這故事中，被這故事感動，或者沒有被吸引進去，也無動於衷；我們會發現自己被神祕地與正在發生的事連繫起來，知道在某程度上，正在發生的事是「為我們」發生的，或者我們並沒有這發現；我們會滿懷感恩地俯伏在耶穌這個人的十字架面前讚美祂，或者在祂張開雙手，預備擁抱死亡和地獄的恐怖時，只是冰冷地、抽離地看著祂，單單感到驚奇。

〈在高處被提升〉

斯塔德特・肯尼迪

祢坐在權能的寶座上，手握權杖，
一羣熱心的天使守候著，預備為祢效勞。
那先知在痛苦地祈禱時看見這樣的祢，
眾水的聲音隨著空氣中的樂音增強，
直至它們像打雷般凝聚成完美的讚美，
「聖哉，聖哉，聖哉天父，年復年，日復日的君王。
國度屬祢，榮耀屬祢，太陽的光輝屬祢，
智慧屬祢，榮譽屬祢，勝利的冠冕也屬祢。」

先知看見這樣的祢，畫家也看見這樣的祢，
他將他所見化為色彩——神祕的金色和藍色。
但我站著，心中充滿哀傷和驚訝；神啊，我的神啊，
我看不見，
黑暗，深深的黑暗，更深的黑暗——整個世界對我

來說是全然黑暗。

權能在哪裏？榮耀在哪裏？贏得的勝利在哪裏？

智慧在哪裏？榮譽在哪裏？太陽的光輝在哪裏？

神啊，我討厭這輝煌的景象——這一切光輝都只是謊言，

輝煌的蠢材看見輝煌的愚行，輝煌的幻象註定要滅亡。

正如想像的清水對口渴的痛苦，

正如盛宴的幻象對饑餓的身軀，

正如對麻醉藥的想像對痛得發瘋的士兵，

當祂那被撕裂及折磨的身體痛苦地扭動時，

這輝煌、騙人的幻象在我那充滿疑惑的心裏翻騰，

好像一個破損化膿的傷口上一柄長了銹的刺刀。

傳教士把它交給我，以作安慰，但我當著他們面前咒詛他們，

弱小、小器的年輕神職人員對我空談甚麼權能和恩典；

空談甚麼連小鳥也看顧的能力和無限智慧，

在令人生厭的話語中沾滿了有毒而感傷的蜜語。

毫無懷疑或恐懼、陳腐不堪的虔誠，

他們喋喋不休地談論神那可以抹去我們眼淚的憐憫。

他們的話都飽含淚水，而我聽到偌大的世界在呻吟，

我看到無數母親孤獨地跌坐、哭泣，

看到一羣英國女子在火爐旁邊作畫，
但另一羣破碎的軀體卻仍在圍網中顫抖。

我討厭那有能力的神和祂在天上那地獄般的寶座，
祂從那裏俯視強姦、謀殺，聽著小孩子呻吟。
雖有千萬天使讚美祢是萬王之王，但我不能這樣做。
沒有甚麼能打破我沉默的哀傷——除了那呼喊：
「祢這以祢沉重的鐵杖管理這個罪人世界的神，
有沒有任何罪人犯過神所犯的罪？
有沒有懦夫會站在一旁看著一個匈奴人
單為了有趣而把他的刺刀插入一個嬰孩的肚腹？
讚美那在至高天上的神，願最深的頌讚歸與
那位犯了一切暴行，像野獸一般的神。」

神，那位我心愛並敬拜的神，在那樹上充滿哀傷地作王，
祂破碎了、流著血，但沒有被征服，真真正正是我的神。

所有那些榮耀的華麗盛況，所有那些天使翅膀的光采，
都只是從地上圍繞在我們四周的君王那裏借來的虛飾。
思想是軟弱的，語言更軟弱，祂見到的異象
令所有傳道者都啞口無言，謙卑跪下。

但祢說過的話並非從君王或寶座那裏借來，
祢話語的回響不足以震撼皇宮。
在馬糟中，在小屋裏，在誠實工人的工作棚中，
在卑微的農民家裏，以及在他們所過的簡單生活中，
在被世人遺棄的浪子的生命中，
在祂珍惜、並宣稱有無限價值的平凡物件中，
及最重要的是，在祂那殘酷之死的恐怖中，
祢要我們在一個被釘十字架的罪犯那裏尋求祢的榮耀。
而我們已經找到了——因為祢的榮耀是失去愛的榮耀，
而除了十字架的榮耀外，祢沒有別的榮耀。
因為在基督裏我見到殉道者和他們痛苦中的美，
在祂那裏，我聽到一個應許，我會死而復活。

在高處，被提升，我見到祂在永恆的髑髏地，
兩隻被釘穿的手向東與西的陸地和海洋伸展。
我跪下來，敬拜那在上面閃耀著的偉大十字架，
因為天上真正的神並非權能，而是愛的力量。

一個禱告

主耶穌，

當我們看著祢

與受到不公義對待的受害人，

與被貶低的人，

與被藐視的人，

與受苦的人，

與垂死的人契合時，

願我們知道祢在我們自己的黑暗中

與我們同在時，我們能找到希望、

找到力量跟隨祢，

並分擔和背負別人的痛苦。

阿們。

10

尼哥底母

看見神的國度

讀經：約翰福音三1～10，
十九19～22、38～42

設立十字架這刑罰的目的是收阻嚇作用。十字架的可怕是，受刑者被當眾羞辱、受盡痛苦，這一切都是為了阻嚇人們，使他們不敢犯受刑者所犯的罪行。因此羅馬人經常將受刑人所犯的罪狀釘在十字架上面。如果要阻嚇人們，使他們不敢犯同樣的罪行，必須讓他們知道受刑人所犯的是甚麼罪。彼拉多也是這樣處置耶穌。耶穌所犯的罪行是自稱為君王。彼拉多盤問祂時祂也承認這事。當然，彼拉多並不想太認真地看待這事，他並不認為耶穌會在政治上威脅羅馬政府在巴勒斯坦的統治，他想釋放耶穌。但這次猶太人的祭司佔了上風。當然，他們指出，任何自稱為君王的人都是羅馬皇帝的敵人。彼拉多不能讓別人看見他寬恕一個自稱為猶太君王的人。因此，那些祭司——狡猾的政客——佔了那羅馬總督上風，雖然彼拉多的判斷比他們更準確。彼拉多這個喜歡冷嘲熱諷的政客並不關心這事，但他很不願意被猶太當局以計謀贏了他。

耶穌死時，十字架上面釘著以三種文字寫出祂的罪狀的題字，好使任何識字的人都看得懂。那些祭司希望彼拉多用字謹慎一點，他們想彼拉多清楚表明，耶穌只是自稱為猶太人的王，祂並非真的是猶太人的王。但彼拉多卻以這個小小的玩笑向他討厭的猶太領袖和猶太民族報復。這個人就是他們的王！他們只配有這樣的王——一個被釘十字架的人，一個可憐的失敗者！因此，彼拉多堅持仍舊用那些字眼。這是造物主一次很諷刺的行動。羅馬的司法慣例與猶太地政府小小的政治張力合作，製造了這結果：耶穌死時有題字寫明祂是以色列的王。那題字不單以希伯來文寫成，以配合以色列王的身分；還以希臘文這種當時的國際語言寫成，任何人都看得懂；而且亦以拉丁文這種當時世界的統治者所使用的語言寫成。

耶穌自稱為王，祂不單表示自己是以色列的王，也表示自己是世界的王。祂這樣宣稱，等如挑戰羅馬對世界的統治。換句話説，耶穌是彌賽亞，是由神膏立為屬神的以色列人的王，而且，完全與以色列人預期一樣，祂也是全人類的王，會令全世界接受神的管治，祂的統治真真正正是神聖的，因此，祂也就與自稱為神聖的羅馬政府互相衝突。耶穌被猶太領袖拒絕，被羅馬人釘十字架，表面看來，祂沒有成為彌賽亞君王的資格。但正正在彼拉多和猶太祭司令祂的失敗明顯得很可笑時，卻同時宣佈了祂是世界的君王。看著耶穌受死的人中，有沒有人認真地思想這宣告呢？有沒有人在那時真的把祂當為猶太人的王，世界真正的統治者呢？我們可能會認為這事不大可能發生。有沒有任何從政的人，任何進入統治階層，與彼拉多及祭司交談、合謀、使用詭計的人——就好像世上其他從政的人一樣，雖然大家都要倚靠對方，卻彼此憎恨——有沒有任何在這個最世俗的政治世界中的人，會在見到耶穌死在十字架後，仍然認真地看祂自稱為王這事？肯定沒有。

但事實上，卻有一個在那團體中的人，認真地看待這件事。當彼拉多批准亞利馬太人約瑟安葬耶穌時，一個叫尼哥底母的人也參與了這事。是尼哥底母確保耶穌的葬禮符合一個君王葬禮應有的規模的。他帶了五十磅[1]極昂貴的香料安葬耶穌，那筆開支相當大，所用的香料也很多。我們不應該以為尼哥底母是靜悄悄地進行這事，希望沒有人留意他。他需要一整隊僕人替他運送香料。尼哥底母的行動很明顯也很公開地榮耀耶穌這個被羅馬政府以叛國罪名譴責及處死的人。從當時的文化背景來看，值得在葬禮中用上五十磅香料的人至少也是一個君王。尼哥底母其實是很公開地，因而也是很勇敢地宣佈，十字架上的題字是真的。耶穌是君王。雖然一個已經死了的君王——只要祂不會復活——不會令羅馬人或祭司擔心。但尼哥底母將這人當為君王看待，他這樣做仍然會使自己陷入險境。

---

1. 五十磅：原文作 half a hundredweight。根據《牛津現代高階英漢雙解辭典》，a hundredweight 是二十分之一噸，在英國等如一百一十二磅，在美國等如一百磅。根據《和合本聖經》香料的重量是「一百斤」，《新國際譯本》(NIV) 則作「約七十五磅」，《新美國標準譯本》則作「約一百磅」。這裏依從原書譯作五十磅。

尼哥底母是一個大人物。我們在本書中提及的門徒，大部分都沒有甚麼社會地位，沒有甚麼權力，也沒有甚麼影響力。但尼哥底母卻與他們很不同。他在社會上有很高的地位。他是一個富有的貴族，耶路撒冷一個大家族的成員，猶太人的歷史也記載了他家族成員的事，因為他們在政壇上舉足輕重。傳統猶太人都記得他的家族，因為他們的財富多得驚人，而且是法利賽人的贊助人。他們在耶路撒冷有一個宮殿似的豪宅，在氣候比較溫暖的耶利哥有一個用來避寒的住宅，在郊區也有一些很大的房屋。他們也是那些組成小小的統治集團的猶太貴族家庭之一。這小小的統治集團在羅馬政府監管下負責猶太地的大部分事務。尼哥底母的家族並不在權力的中心，因為他們是法利賽人，不是撒都該人，而祭司和大部分在統治階層的貴族都是撒都該人。少數法利賽人因來自富有家族而成為重要人物，得以躋身於權力圈中，尼哥底母是其中之一，他們形成一個少數羣體，與那些撒都該祭司組成一個不太穩定的聯盟。尼哥底母雖然不在權力中心，但卻很接近那裏，他肯定有相當的權力和影響力。

他應該因為自己本身的利益而像其他猶太領袖一樣，視耶穌為一個在政治上具威脅性的人。

尼哥底母是一個富有的貴族，但也是法利賽人中的法利賽人，一個有學問的拉比。他第一次接觸耶穌時，便是帶著這個身分見祂。耶穌第一次到耶路撒冷時，尼哥底母帶著他的一羣門徒在夜間探訪耶穌，與耶穌和祂的門徒很認真地討論宗教問題。他以拉比的身分探訪另一位拉比，不過那時他已經發覺，耶穌並不單是一位拉比，他也發覺那時政治問題已經開始浮現。我們不應該以為，任何第一世紀的猶太人、羅馬人或其他任何人可以將宗教與政治截然分開。耶穌最初對尼哥底母提及神的國時，其實已經提出猶太人的政治問題：神對祂的子民和祂的世界的統治，以及這統治在實際政治上的含義。那時實際的統治者是羅馬人，他們自稱為神，僭奪了神對以色列的統治。每當耶穌提及神的國時，聽他說話的人都會想起這個問題。但這是耶穌惟一一次與猶太統治精英其中一員友善地交談，而且得到很特別的回響。尼哥底母屬於這樣一個羣體：由於羅馬人讓他們管治猶太人，他們才可以這樣做。羅馬人以自己的能力支持尼哥底母所屬的羣體，而他們則以支持羅馬統治作回報。在那些比較激進的猶太人眼中，尼哥底母這羣人出賣了他們的民族和以色列的神。

我們可以肯定，尼哥底母很關心這個政治問題，這是猶太人宗教關注的核心。他是一個真誠的人。與那些祭司不同，他沒有利用宗教來達成個人自私的目標。雖然他是統治階層的一名成員，受到與羅馬政權合作的權力結構限制，但他卻不大喜歡這角色。從在大祭司的公會和總督住宅之間的往來中，他很了解那犬儒和自私的政治現實，他正在尋找一條激進的出路。尼哥底母已經很討厭那些權力政治，耶穌被處死這事便是一個典型的例子。他在找尋神的國度，找尋一些與他每天從希伯來聖經中讀到以色列的神所施行的統治更相似的東西。最後，當尼哥底母終於將被釘死在十字架上的耶穌尊為神真正的君王時，顯示他已在耶穌身上發現了那條激進的出路。

從耶穌最初跟尼哥底母說的話中，尼哥底母已開始發覺這條出路是多麼激進，而且使人感到困惑，又充滿困難。「人若不從上頭而生，就不能見神的國。」耶穌頗直率地說，直接把尼哥底母引導到問題的核心。「人若不從上頭而生（或重生），就不能見神的國。」我們不要忘記，尼哥底母不單天生是猶太人，而且天生是貴族。由於他的身分，他得以進入猶太人的管理階層。但耶穌說，在神的國中，這一切都無關重要。尼哥底母很了解那權力政治，耶穌那激進的出路並不是將這權力政治重新包裝。祂的出路是那麼不同，以致人們需要重生才能參與其中。重生也是從上頭而生，因為神的國來自在上面的神。

其後，在與羅馬派遣的統治者那戲劇性的衝突中，耶穌說：「我的國不屬這世界。我的國若屬這世界，我的臣僕必要爭戰，使我不至於被交給猶太人。」耶穌的統治並非來自這個世界，祂的統治是從上頭、從神那裏來的。祂並非表示祂的國在一個完全不同的世界，與世俗政治毫無關係。完全遠離彼拉多和該亞法的政治，對他們毫無影響，並不是一個安全的屬靈國度。彼拉多正是在這裏犯了一個很大的錯誤。他心目中的政治只是那犬儒的羅馬式政治——軍事力量才是最重要的。

在一個有能力便是神聖而正確的世界，耶穌説自己的統治不能以軍事力量推進，使祂成了一個對別人沒有威脅的傻瓜。不倚靠軍事力量的統治會是怎麼樣的統治？如果我們説：「這樣的國度只能在另外一個世界存在，純粹是屬靈的、宗教性的，絕對是非政治的。」我們便忽略了耶穌的話那激進的力量，也犯了彼拉多所犯的錯誤。耶穌沒有説祂的國度不在這個世界。祂只是説祂的國度不是來自這個世界。這國度的價值和方法並非來自彼拉多那樣的統治。這國度的價值和方法是很不同的，因為這些價值和方法來自神。這是神的統治，它激進地向羅馬統治者發出挑戰，衝擊著他們，因為它沒有跟從羅馬政府的遊戲規則。這國度對羅馬人、祭司和尼哥底母相當熟識的權力政治並不是無關緊要的。它比巴拉巴和那些猶太武裝革命分子更具威脅性，因為它更激進地挑戰他們的價值觀和方法。

我們不知道在耶穌被釘十字架前，尼哥底母對這方面的了解有多深，但耶穌被判死刑的方式一定使他完全相信耶穌代表了神的統治。由於尼哥底母是一個政治精英，他進入了耶路撒冷的權力中心，所以他可能比其他門徒更早發現，相對於彼拉多和該亞法那樣對神的子民以及神的世界的統治，耶穌是神提供的激進出路。究竟耶穌被判死刑時，尼哥底母發現了甚麼？彼拉多那犬儒的現實政治，祭司的狡猾和自私，還有兩者在討價還價時，在那令人震驚的高潮中聯合起來。彼拉多語帶譏諷地說：「我可以把你們的王釘十字架麼？」祭司卻回答說：「除了該撒，我們沒有王。」

祭司決心排擠耶穌以維護自己的權力，因而認同羅馬政府有絕對的權力。他們以猶太人的方式拒絕神。對像尼哥底母這樣真誠的拉比，「除了該撒，我們沒有王」這句話等如放棄信仰以色列的神。這樣說等如拒絕神的統治，反而支持羅馬政府，承認它為惟一和神聖的統治者。這就是祭司為自己服務的政治妥協最終帶來的後果。尼哥底母再不能參與其中。但這麼一來，他可以在哪裏發現神的統治呢？除了彼拉多及祭司合謀拒絕的那另一條出路外，還有其他出路嗎？耶穌，這個彼拉多和祭司都看不出是以色列的君王的人，正正就是以色列真正的君王。祂是來自神那裏的君王，而彼拉多和祭司明顯不是這樣的君王。祂是這樣一個君王，人們一定要從上頭而生才能服事祂。在這條激進的出路，神的統治向彼拉多和祭司的統治觀念表明，這個被釘十字架的人正是那君王。祂被釘十字架正正表明神的國度即將降臨。

對彼拉多和祭司來說，如果需要對耶穌的自我宣稱加以駁斥的話，十字架正好提出了駁斥。但對尼哥底母來說，十字架卻駁斥了彼拉多和祭司的自我宣稱，證明他們並不代表神聖的統治。在這另一條出路那激進的極端中，尼哥底母再不能作任何政治上的妥協。他終於破斧沈舟，與耶穌共同進退，公開尊祂為君王。他完全脫離那將巡撫府邸和大祭司公會聯合起來的圈子。無論神的統治說明甚麼，甚至要在受辱和受苦的耶穌身上完成，尼哥底母都完全接受。他將對權力和地位的傳統看法，以及在現實世界中甚麼才是重要、甚麼才真正有效的觀念完全倒轉過來，無論這樣做會帶來甚麼後果，他都為之獻身。他認為彼拉多和祭司都並非如他們自己以為那樣有最後決定權，在他們一起玩的小小遊戲背後，神有一張王牌，是他們完全不知道的。尼哥底母完全獻身於此，無論這有甚麼含意。尼哥底母見到耶穌被釘十字架，並發覺祂正是代表神統治世界的君王時，（我們大可以說）他真正從上頭而生了，真正從神的靈重生了，因為正如耶穌對他所說：「人若不從上頭而生，就不能見神的國。」

一個禱告

主耶穌，透過尼哥底母，我們發現祢
是一切的統治者——
不是儘管祢被釘十字架，
而是因為祢被釘十字架。
我們在祢的軟弱中，看到祢的能力，
在祢的屈辱中，看到祢的榮耀，
在祢的自我捨棄中，看到祢的主權，
在祢的死亡中，看到祢的勝利。
求祢幫助我們，不要被邪惡的幻象欺騙，
不要被世界敵對神的勢力表面的優勢欺騙，
不要被那腐化生命、破壞萬物的力量
表面上那壓倒性的影響欺騙。
幫助我們抗拒這一切。
不要讓我們受權力和影響力誘惑，
不要讓我們受誘惑，用這一切來服事

那促進自己的利益和事業的偶像，
不要讓我們將別人當作達成個人目的的工具，
不要讓我們為了達到個人目的而忽視別人。
幫助我們看見真理和愛的力量，
幫助我們承認祢是惟一的主。
願祢的國度降臨。

〈誘惑者〉

特雷弗·丹尼斯[2]

那個從拿撒勒來的人再次來到他的王國時，他從一堆很大塊的黑色石頭後面看著祂，讓祂經過，然後在自己藏身的地方走出來，招呼祂說：「耶穌，我在這裏，在祢後面。」他的聲音在曠野上面飄過，喚起曠野的孤寂。「祢再來這裏，是否改變了主意？祢打算接受我的建議，贊同我們那小小的計劃嗎？」

他圍著耶穌慢慢地轉，彷彿隨時都會突然襲擊祂。「我們可以成為一個很出色的組合，祢和我。看看祢的成就多麼大！而且是在那麼短的時間內完成！

2. Trevor Dennis, ‘The Tempter’.

但很少人會像祢那樣，在那麼短時間內失敗得那麼明顯！不過，祢給我留下很深刻的印象。耶穌，祢很有潛質。如果祢當初聽從我的勸告，事情便不會弄至這地步。但現在仍為時未晚。」

他轉得愈來愈快。「我們可以再試試，這次要給合適的人留下深刻的印象。這次要在市場、人們注意到的地方公開行些神蹟。祢一直都在小巷和暗角裏工作。祢將那些瞎子和跛子帶離舞台、帶離光亮的地方，在舞台兩側醫治他們。這樣是行不通的。活力！活力！這正是我們所需要的！」

這時，他跳著怪誕、狂亂的基格舞[3]。「耶穌，讓我做祢的導演，我會把祢變成一顆超級巨星！他們甚至會稱呼祢為『神的兒子』！祢做的事並沒有錯，但祢做事的方式卻錯了。」

他突然停了下來，回復那謹慎、兇惡的徘徊。「我聽說你在海上行走，而且使風浪平靜。但我看不到。我當時也在那裏。耶穌，我不是一直都在那裏嗎？但我甚麼也看不到。我有很多朋友住在加利利海一帶，但他們甚麼也看不到、甚麼也聽不到。那時，他們有些人在船上，但卻沒有在波浪中聽到你的腳步

3. 基格舞（jig）：一種急速、輕快的舞。

聲，風暴也沒有為他們而靜止。他們其中兩人更淹死了。我和他們很熟。耶穌，為甚麼祢不救他們？是不是因為他們在湖的另一邊，而不是祢那邊？耶穌，一個人要獲救是否必須在湖正確那邊？其他的人，別管他們，對嗎？」他笑起來。

「如果祢和我合作，我們可以拯救所有人，不用問任何問題。『人人都得救！』我們可以用這個口號。不論人們是否願意得到救恩，他們都會得到。畢竟，救恩就是救恩，不管你如何得到它。」

最後，他停下來，站在那裏等候耶穌答覆。

耶穌說：「你和你朋友都有點耳聾，又看不見四周的事，而且還沒有任何感覺！你們在黑暗中，躺在波濤洶湧的海中時，難道甚麼也感覺不到嗎？我踏在你們背上，用手指觸摸你們的混亂，舉起手給你們祝福時，你們甚麼也感覺不到嗎？我想你們是期望裝有粗頭短釘的靴子踏在你們身上吧。不過，撒但，這不是我的處事方式。我總是很溫柔的。我靜靜地工作。你不懂溫柔的意義。但我希望你可以感覺到那一步的距離，可以嘗試感受一下我的平靜。我曾希望你的朋友可以看得深入一點，不要只看表面，在你的破壞背後感受一下我的創造。終有一天他們會有所發現的。

撒但，你不相信我吧。但我的溫柔比你的暴力更強大，我的謙卑比你的狂妄更持久，我的笑聲和愛心比你的怨恨和犬儒更深刻。」

撒但走前，彷彿想抓著耶穌一般，憤怒地說：「那麼，來吧！讓我帶祢到山頂，給祢看一看世上的王國和她們的榮耀！」

他們轉身，一同向上走，直到那頂峰，整個世界都在他們下面。

撒但在怒吼的風聲中大聲喊叫：「看！看！她們就在那裏！這個微不足道的世界上那些小小的王國！只要祢願意合作，便可以把她們據為己有。但祢看，她們是屬於我的！看看她們互相勾心鬥角，瓜分世界！祢也聽到有人說：

「『你使他比神微小一點，

賜他榮耀冠冕。』[4]

「但我要告訴你：

「『我使他比惡魔稍為大一點，

給他貪婪和欲望！』

4. 此節乃詩篇八5，British and Foreign Bible Society的Revised Standard Version英文翻譯為"Thou hast made him little less than God, and dost crown him with glorg and honour."據此直譯為中文，與和合本之翻譯稍有不同。

「我將這些祢十分珍惜的人類變成祢的創造物中最具侵略性和破壞性的一種。蚯蚓和蘭花可能仍未屬於我，羚羊和鷓鴣也可能仍未屬於我，但至少人類是屬於我的！耶穌，祢已失去了他們！耶穌，祢已失敗了，失敗了！」他又開始跳起那可怕的舞蹈，但這次耶穌沒有等他停下來。

耶穌大聲說：「你只看到黑暗，卻沒有看穿黑暗；你只看到黑暗本身，也教訓別人這樣做。」

撒但一邊在石上吐痰，一邊大聲說：「祢只看到日落、百合花和蝴蝶！」

「撒但，如果我只看到這些，我也看得比你多。但，不，我也看到黑暗。」

「但祢並不像我那樣了解黑暗。祢沒有看到它的本相。」

耶穌指著祂手上和腳上的傷痕說：「撒但，你不認得這些傷痕嗎？這是你親自造成的傷痕。啊，我明白你的黑暗。我曾經到過那裏。但你瞎了眼，沒有留意我。撒但，現在我已經從那黑暗中走了出來，步進光明，那是我創造的光明，那光明就是我自己。開始時你不能威脅我，你現在仍然不能。撒但，我已經從死裏復活，復活在四周出現！你已經時日無多，終有一天，你這曠野也會再次變成神的花園。」

撒但再聽不到祂說甚麼，因為風太大。耶穌從山邊向下走。當祂走向這個微不足道的世界中那些小小的王國時，撒但也看不穿彌漫在山頂的濃霧。他被留下來，孤獨地在山頂，被自己那死亡之舞催眠，不斷地圍繞著自己跳躍、扭動。

11

耶穌所愛的門徒

真理的見證人

讀經：撒迦利亞書十二10，十三1；
約翰福音十三21～26，十九23～27

我們的默想以一位富有洞察力的門徒開始，她就是伯大尼的馬利亞。她對耶穌的愛使她直覺到耶穌願意接受死亡，也使她看到耶穌一定要死，更使她能夠比其他門徒更早接受耶穌的死。我們現在以另一個同樣具洞察力的門徒結束我們的默想。這個門徒與耶穌關係相當密切，所以他比所有其他門徒都更能明白耶穌受死的意義。馬利亞膏耶穌時接受了耶穌必須受死，但她很可能並不明白為甚麼耶穌要死。現在我們要思想的這個門徒，雖然並不是立即明白耶穌受死的意義，但透過反思他目睹耶穌被釘十字架這事實，他深刻地明白耶穌的死對我們所有人的意義。

我們會稱呼這個門徒為「耶穌所愛的門徒」或「蒙愛的門徒」，因為他的福音書沒有提到他的名字，只稱他為「耶穌所愛的門徒」。他可能名叫約翰，那是當時一個很普通的猶太名字。因此，後來教會傳統將他與另一個更著名的約翰混淆了，那是西庇太的兒子，一個漁夫，也是耶穌十二門徒中相當著名的一個。有時，教會傳統將一些在福音書中分得很清楚的人融合一起或混淆了。教會傳統將兩個馬利亞——伯大尼的馬利亞和抹大拉的馬利亞——融合在一起，變成一個複合的人物。在本書中，我們將她們兩個人分開，因為在福音書中，她們是兩個不同的人。同樣，我們現在也不將這個「蒙愛的門徒」與西庇太的兒子約翰混為一談。我們會像他的福音書一樣，不提他的名字。把他稱為「蒙愛的門徒」比以任何名字稱呼他有更深遠的意義。

「耶穌所愛的門徒」這稱呼令我們預計他是福音故事中一個舉足輕重的人物。但事實上，他是很不顯眼的。在約翰福音的敘述中，他時而靜悄悄地出現，時而靜悄悄地隱退，有時我們甚至沒有留意他。約翰福音第一章提到耶穌最早的兩個門徒，一個是安得烈，另一個卻有點神祕，那裏沒有提到他的名字，而他很可能就是這個「蒙愛的門徒」。他和安得烈本來是施洗約翰的門徒，在聽到他們老師宣告耶穌是神的羔羊、是除去世人罪孽的那位後，他們便成了耶穌最早的門徒。但安得烈去找他哥哥彼得時，這個匿名的門徒卻靜悄悄地隱退了，直至十二章後才再次出現，在最後的晚餐中坐在耶穌和彼得中間。雖然福音書的記載不是很詳盡，但從座位的安排，我們知道這「蒙愛的門徒」是最後晚餐的主人。耶穌坐在他左邊的貴賓席，彼得坐在他右邊，地位僅次於耶穌。這「蒙愛的門徒」坐在耶穌和彼得中間。他擔當晚餐的主人，因（這是惟一合理的解釋）他是他們進食晚餐那個房子的主人。

因此，這「蒙愛的門徒」是耶路撒冷的居民。他並不在那些從加利利跟隨耶穌到處走的門徒之列。他也不是耶穌特別揀選出來的十二個門徒之一——他們跟隨耶穌四處傳道，並會成為新以色列的領袖。這「蒙愛的門徒」更像馬大、馬利亞、拉撒路，他留在家裏，在耶穌到訪耶路撒冷時認識祂。

這是他沒有在其他福音書中出現的部分原因。其他福音書沒有提到他，即使在他自己的福音書中，他也相當不顯眼，看來他在耶穌的故事中沒有扮演甚麼重要的角色。他只做了很少事，在整卷福音書中他只説了九個詞，比抹大拉的馬利亞少，比伯大尼的馬大或馬利亞少，比腓力、安得烈或多馬都少，更比彼得少得多。他很不顯眼，但卻很重要地存在——在最後晚餐時靠近耶穌，在耶穌被釘十字架時接近祂，也是耶穌復活那個早上第一個去到那個空墳墓的男門徒。

他並非耶穌特別挑選出來作領袖的門徒，像那十二個門徒一般。但耶穌卻以另一個方式挑選他出來。他是「耶穌所愛的門徒」。當然，他並非惟一一個耶穌愛的門徒。福音書第十一章告訴我們耶穌愛伯大尼那個家庭——馬大、馬利亞和拉撒路，他們是耶穌的密友。福音書開始記載耶穌受苦時也説，耶穌愛祂所有門徒，而且愛他們到底。不過，這匿名的門徒仍然是「耶穌所愛的門徒」。只有他才得到這個稱呼，而且福音書只是這樣稱呼他。雖然從加利利來的門徒與耶穌有更多接觸，但與耶穌最親近的卻是他。

因此，在彼得和其他門徒都離棄耶穌時，這「蒙愛的門徒」卻像那些女門徒一樣，始終對祂忠心不貳。他在十字架下那一小羣人中，與抹大拉的馬利亞，耶穌的嬸母馬利亞，以及耶穌的母親馬利亞在一起。耶穌見到祂母親和這個與祂最親密的朋友——就是世上與祂最親近的兩個人——時，祂對母親說：「看你的兒子。」然後對這門徒說：「看你的母親。」耶穌把照顧母親的責任交託給這位朋友。

很多解經家都嘗試從這件事中發掘一些偉大的神學象徵意義，他們似乎覺得如果這事只有表面的意思，福音書便不會記載這麼瑣碎的事。但這事的表面意思並不瑣碎，我們不應該忽略耶穌話語中人性的一面。正如耶穌的痛苦和淒苦也充滿人性，祂也像常人一樣，在面對死亡時，向自己的母親和跟自己最親密的朋友求助，因為他們是耶穌身為人的層面上最關心的人。祂對世人的愛並不否定祂對一些特別的人顯出特別的愛。耶穌承認人類兩種很重要的情感：親情和友情。祂將祂母親託付給祂的朋友，又將祂的朋友託付給祂母親，從而將這兩種情感連合起來。

如果我們堅持要在這件事中找出更深的意義，我們必須賦予耶穌對祂母親和朋友那充滿人性的愛更大的意義，而不是不理會這愛。有人認為，我們可以從耶穌被釘十字架和受死時所建立的這個新關係中看到教會的起源。這是第一個例子，表明耶穌如何透過祂的死，將人們帶進祂賜給他們的新關係中。就好像如果耶穌沒有藉著祂的死，將祂的母親和祂所愛的門徒帶到一起，使他們變為母子，他們根本不會走在一起；如果十字架上的耶穌沒有將教會的羣眾帶到一起，使我們藉著祂為我們死而建立起新的關係，我們根本不會走在一起。如果我們這樣想，十字架上那充滿人性的一面仍然是很重要的。我們不應該只關心那種極為抽象的愛，愛整個世界的人，卻沒有真正關心或愛護個別的人。耶穌在教會建立的關係，延續了祂對自己母親那極富人性的愛，以及祂對自己最好的朋友那極富人性的愛。而且，祂把自己的母親託付給祂的朋友有相當實際的意義，那門徒把她接到自己家裏。

如果這是教會關係的模範（實際上也正是這樣），那麼，基督徒之間的關係便應該好像耶穌最好的朋友受託照顧祂母親，或者好像耶穌最好的朋友成了祂母親的兒子一般。耶穌受死時沒有除去人類的愛。祂賦予這愛新生命，釋放這愛，使之進入更新、更深、更廣闊的境界。耶穌將我們彼此託付給對方，要我們負責彼此照應。因此，得不到親情的人應該可以在教會中找到親情，得不到友情的人應該可以在教會中找到友情。在教會中，人們應該互相付出對待自己親人和朋友一樣的愛。人們應該可以在教會中找到只有在親密的關係中才能找到的支持。

回到這個「蒙愛的門徒」，我們必須問：我們應該怎樣透過他雙眼看十字架？他沒有像彼得那樣戲劇性的經歷。彼得很有性格，又願意為耶穌死，但卻徹底失敗，而且要透過這樣的失敗才明白耶穌的死對他有甚麼意義。相反，這「蒙愛的門徒」完全沒有戲劇性的經歷，他只是跟隨著耶穌。身為耶穌忠實的朋友，他只想一直陪伴著耶穌。在這方面，他更像抹大拉的馬利亞。不同的是她也有很戲劇性的經歷，耶穌從她身上趕出了七隻鬼。我們可以想像（也已經這樣做了）在各各他山上她是多麼悲傷，十字架的黑暗對她有甚麼特殊意義。那麼，十字架對這個「蒙愛的門徒」又有甚麼意義呢？事實上，我們不知道十字架對他個人有甚麼特別的意義，我們不應該試圖就這方面作任何猜測或幻想。因為如果我們這樣做，便會錯失了這個門徒獨特的重要性。這重要性使他有別於在耶穌受苦和受死故事中出現的其他門徒。

「蒙愛的門徒」並不是由於謙虛才使自己在他寫的福音書中那麼不顯眼。真正原因是他在耶穌故事中扮演見證人的角色。他這個見證人明白整個故事，因為他與耶穌很親近，他與那些事件也有密切的關係。他的重要性不在於成為故事中一個角色，而是作為這故事和故事的意義的見證人。他並不是要改變某些事件的發展，而是要做觀察，掌握一切，明白發生了甚麼事，向我們報告、向我們解釋。他比任何人更能令我們更深入明白這一切的意義。

因此，在他惟一一次真正特別提及自己時，他這樣直接對我們介紹自己：「看見這事的那人就作見證，他的見證也是真的，並且他知道自己所說的是真的，叫你們也可以信」（約十九３５）。其實，他不想我們知道任何其他有關他的事，以免影響他的見證。他不想我們對他本人產生興趣，因為身為見證人，他的責任是將他所見的傳達給我們。因此，從他的眼光看十字架，並不是要發現十字架對他有甚麼特殊意義，而是要發現十字架對我們有甚麼意義。他是那個洞悉一切的見證人，向我們指出我們最需要留意的地方。因為他與耶穌最親近，所以他對那些事件的意義了解得最深刻。他把故事告訴我們，讓我們可以像他那樣看那些事件，也像他那樣明白那些事件的意義。

無論是對我們或所有其他讀這福音書的人，「蒙愛的門徒」所作的見證都很值得注意。耶穌這個人在幾個士兵和幾個朋友在場下死去。這件表面看來無關重要的事件卻有深遠的意義。它改變了生命、歷史、世界，甚至宇宙。這見證人只是告訴我們他看到甚麼。那一天，在整個羅馬帝國中，肯定有數以百計的罪犯和被遺棄的人被掛在十字架上，而驟眼看來，耶穌只是這數以百計的人中其中一個。這只是一件沒有甚麼特別明顯意義的事件。我們可以假定，很多其他被釘十字架的受害人也有類似的故事，只是沒有人費心講述這些故事罷了。那麼，我們為甚麼要對這樣一個人或這樣一件事感興趣呢？這件事完全沒有甚麼特別之處。那些士兵為耶穌的外衣抽籤。只有幾個毫無地位的親戚朋友站在十字架旁。垂死的耶穌將祂的母親託付給別人。祂口渴時要求喝點東西，有人同情祂，給祂酸酒喝。祂説：「成了」，嚥最後一口氣，然後死去。士兵將其他被釘十字架的人雙腿打斷，但卻發現耶穌已經死去，所以沒有打斷祂的腿，而改為用槍刺祂的肋旁。

這故事只是對一個看來毫不重要的情景作如實的觀察。但我們這位見證人看得更深入，也帶領我們看得更深入。他讓我們從這些表面看來無關重要的事件中看到足以改變世界的重大意義。他並沒有像其他福音書作者那樣，他沒有提及那些顯示十字架事件的重要性的宇宙現象——正午時分天昏地暗、地震、聖殿的幔子裂開。他那頗為簡短的敘述完全沒有提到這些事。他提及的都是人們在其他十字架事件中也會見到的事。對所有旁觀者來説都沒有甚麼特別。但這別具洞察力的見證人卻發現一切都很特別。因為在這件普通人的事件中，蘊含著重大意義，足以改變宇宙和世界。這事件與其他十字架事件以及其他人的死亡的分別只在於：在這十字架上，創造宇宙的神完全以凡人的身分死去，祂的死並沒有因為祂是造物主而和別人的死有甚麼分別。這沒有也不能使耶穌的死亡變得不平凡，但這具洞察力的見證人卻從中看到特殊的意義。我們從他眼中看這些事件，分享他所看到的事物，也分享他的洞見，我們也發現，這些事件雖然平凡，卻是神藉以完成祂對祂整個創造的計劃。

這位見證人以上面提及的話證明他的見證真確可信，要我們注意。但他要我們注意的不是耶穌死時發生的事，而是緊隨著祂的死而發生的事。他要我們留意他發現的兩件事。首先，耶穌雙腿沒有被打斷；其次，耶穌肋旁的傷口流出水和血。

聖經描述逾越節羔羊時這樣記載：「他的骨頭，一根也不可折斷。」耶穌雙腿也沒有折斷。這樣，我們發現耶穌是施洗約翰在這卷福音書開頭所形容的那樣，是神的羔羊，是除去世人罪孽的。祂是新的逾越節羔羊，或更正確地說，是整個世界的逾越節羔羊。以色列的逾越節羔羊救贖以色列人，使他們脫離埃及人的奴役和壓逼。耶穌是整個世界的逾越節羔羊，救贖整個世界，將全人類從奴役、壓逼、罪惡、邪惡及死亡中釋放出來，讓我們在神裏面得以重生，得到自由。這是歷史的轉捩點。這個寂寂無名、被人厭棄的人飽受屈辱地死去，連羅馬歷史學家也沒有留意祂，神卻藉著祂的死粉碎世上的邪惡勢力，引導所有人走上通往自由之路。

從耶穌肋旁的傷口流出水和血。以色列人出埃及時藉著獻上逾越節羔羊而得救贖，所以流血是必須的。血代表耶穌的死那代贖的能力，洗去我們的罪，將我們從邪惡中釋放出來。但耶穌肋旁也流出水來，那是生命的水、活水、賜生命的水，也是耶穌應許會賜給我們的屬靈生命。從耶穌那掛在十字架上的身體，流出寶血除去世人的罪，也流出活水賜世人生命。血潔淨我們的過去，水則流向未來。為了人類歷史中那些罄竹難書的罪惡，以及一般人生命中那些可恥的錯誤和可悲的失敗，耶穌流出祂的寶血；為了給世人帶來新生命，給世上那些無意義、被糟蹋、無生氣的人帶來新生命，使所有垂死的萬物出死入生，讓生命永恆不息地湧流，被釘十字架的耶穌肋旁流出水來。

這些只是形象的比喻，不是解釋。因此，我們仍然可以說：「這畢竟只是一件很普通、無關重要的事件。雖然這見證人看到的可能是事實，但是我們應該相信他的見解嗎？」我認為他惟一的回答是提供他的見證：「看見這事的那人就作見證……叫你們也可以信。」他只能說：「喂！來看看我見到甚麼，繼續看下去，直至你也看見我看見的事。」在這卷書的末了，他引述眾先知那些有力的證據，這些見證包括來自撒迦利亞書的話：「他們必仰望他們所扎的。」他們看到這事時受到感動。泉水已湧流出來。我們看著傷重而死的耶穌，這是一幅殘忍得可怕、毫無希望的圖畫。我們把自己的生命帶進這情景時，被釘十字架的基督便進入我們的生命。我們一直仰望著祂，直至為我們被釘十字架的耶穌證明，為我們預備的新開始也是為世人預備的。

一個禱告

「我就是這樣，沒有任何托辭
但祢卻為我流出寶血，
祢還要我來到你跟前，
神的羔羊啊！我來了！」

主耶穌，我們和祢所愛的門徒一起看見祢的十字架，
我們看見祢垂下頭，將靈魂交付給神，
我們看見祢的肋旁被刺穿，
我們看見水和血從那裏流出來。

耶穌，神的羔羊，
祢的血為我們流出，
祢洗淨我們的罪污，
祢除去壓制我們的罪疚感，
祢把我們從邪惡的暴虐中釋放出來。

求祢剷除我們心裏對神的一切抗拒，
除去所有阻撓我們為神而活的障礙。

耶穌，萬世磐石，
生命之泉從祢流出，
祢滿足我們對真正生命的渴求，
祢培育我們心裏那新生命的幼苗，
祢以祢的靈充滿我們。

保存我們這永遠活在神那裏的生命。
領我們進入那只有當我們為神和別人付出時才能得到的生命。

〈祂不願意施行的神蹟〉

盧吉・桑塔斯[1]

「你如果是神的兒子，就從十字架上下來吧。」對木匠的兒子來說，拔掉三根釘子實在易如反掌。祂在約瑟的工作間學習木工直到三十歲。那時祂仍然與

1. Luigi Santucci, ‘The Miracle He Didn’t Want to Perform’.

木材和釘子為伍。祂可以從木材的氣味和紋理分辨出那是山毛櫸、橡木還是栗木。三根釘子牢牢地插入木架中——祂從前曾將多少根釘子插進木中，又從木中拔出來。祂知道怎樣把釘子拔出來。那只是一個很容易施行的神蹟，容易得簡直不算是神蹟。

那些暴民大聲喊叫：「騙子，下來吧！」從十字架上祂可以看到他們張口說著褻瀆的話，露出牙齒嘲笑祂；祂也看到他們古銅色的肩膀，健碩無比；祂還看到士兵緊張地低頭看他們擲骰子瓜分祂衣服的結果；祂也看到自己的母親，那天晚上她好像一隻小小的黑螞蟻，要獨自繼續走她在世上的路。

是的，祂會下來。現在一切已經完成了。祂不會令天父感到遺憾。客西馬尼園的第一滴眼淚，在皮鞭抽打下流出的第一滴血，已足以救贖世界。其實耶穌只要說：「我所希望的就是這樣」就已經足夠。祂毋需踏上那奇怪的旅程，進入人類世界這個囚牢，穿上這個現在為祂帶來無比痛苦的肉身。祂已經倒空那杯子；祂的身體再也不能承受任何痛苦，因為那已不再是一個身體，最後一滴血也已經流出。死亡會來得太容易，而且並不會為這犧牲加添甚麼。

這會是一個簡單、毫不驚人的神蹟。祂可以像從一張梯子那樣走下來，眾天使會立即將祂紅色的傷口變成玫瑰花，祂會完好無損地到達地面，然後走下山。他們會到拉撒路在伯大尼的家。那天晚上，在那兩姊妹家裏柔和的燈光下，馬利亞會傾聽耶穌述說一些奇妙的事情。

如果耶穌希望世人相信祂，這肯定是祂最需要施行的神蹟。祂甚麼也不用做，只需要從十字架上走下來，還可以使數以千計的人不用無辜犧牲……

換了我們，我們一定會走下來。在我們四肢仍被釘在十字架上時，我們的母親已經把我們拉下來，我們的常識也會驅使我們走下來。我們會逃走，流著血沿山路跑，直跑到寶座那裏，讓那些終於發覺自己做錯了而惶恐不安的羣眾高舉我們。

但耶穌並不想施行這神蹟。在十字架上的祂知道，如果祂施行這神蹟，在祂雙腳踏在地面那一刻，福音書上記載著那些祂從前施行過的神蹟都會被一筆勾銷。那個癱瘓的男人會再次躺在褥子上；那個患血漏的女人會再次流血；耶利哥那些瞎子會再次墮入黑暗中；那十個麻瘋病人會再次受到身上的潰瘍折磨；拉撒路和其他耶穌曾將他們起死回生的人會再次躺進墳墓中，永遠消失於人世。像在突然乾涸的大海中的小魚一樣，人類會在無聲的大災難中痛苦掙扎。

我們不能明白，我們也永遠不能相信，死亡會帶來生命，耶穌最後的一口氣比夜空繁星所蘊含的金子更貴重。但創造生死和繁星的耶穌明白這一切，所以祂那張焦乾的嘴巴說了一聲：「不！」

〈埋葬重擔〉

約翰．班揚[2]

他一直這樣跑，直跑到一處向上傾斜的地方；在那裏有一個十字架，在稍低處的底部有一個墳墓。我在夢中看到，「基督徒」發現那十字架時，他的重擔從他肩頭滑下，掉在地上，一直滾到墓穴入口，掉進去，然後消失了。

「基督徒」感到很高興、很輕鬆，懷著愉快的心情說：「祂以祂的痛苦給我安寧，以祂的死亡給我生命。」然後他站了一會，一邊看一邊驚嘆。使他感到驚訝的是，十字架的影像竟能卸下他的重擔。因此，

---

2. John Bunyan, 'Burying the Burden'.

他看著十字架，一次又一次看著它，直到淚水從他眼裏湧出，沿著他的面頰流下來。正當他站在那裏，一邊看著十字架一邊哭時，看哪，三位閃耀著光輝的人來到他面前，和他打招呼，對他說：「願你平安。」第一個人對他說：「你的罪已經得到赦免了。」第二個人脱去他破舊的衣服，替他換上新衣。第三個人在他額上印上一個記號，給他一個封了口的書卷，叫他在奔跑時打開來看，到達天門時將書卷交給守衛。接著，那三個人便離開了。「基督徒」高興地跳了三次，然後繼續唱歌。

Acknowledgments

"In the Midst of the Company," reprinted in chapter 1, is excerpted from *All Desires Known*, by Janet Morley, copyright © Janet Morley 1988, 1992, and reproduced by permission of Morehouse Publishing; Harrisburg, Pennsylvania, and by permission of SPCK, London, England.

"Ballad of the Judas Tree," reprinted in chapter 2, is used by permission of the author, Ruth Etchells.

Excerpt from *Taken on Trust*, copyright © 1993 by Terry Waite, reprinted by permission of Harcourt, Brace & Company and by Hodder & Stoughton.

"He Went Out and Wept Bitterly," reprinted in chapter 3, is taken from Reid Isaac, *Conversations with the Crucified*, reprinted by permission of HarperCollins Publishers, New York, New York.

"Sharing Christ's Cross in Santiago," reprinted in chapter 7, is taken from *Audacity to Believe*, by Sheila Cassidy, published and copyright 1992 by Darton, Longman and Todd Ltd., and used by permission of the publishers.

The poem reprinted in "Sharing Christ's Cross in Santiago" is taken from *Listen Pilgrim* by Christopher William Jones, published and copyright 1968 by Darton, Longman and Todd Ltd., and used by permission of the publishers.

"God in the Darkness," reprinted in chapter 8, is taken from Nicholas Wolterstorff, *Lament for a Son*, copyright 1987 Wm. B. Eerdmans Publishing Company. Used by permission of the publisher.

"Three Hours of Darkness," reprinted in chapter 8, is taken from *Wrestling with Christ*, by Luigi Santucci, translated by Bernard Wall (London: Collins, 1972).

"High and Lifted Up," reprinted in chapter 9, is used by permission of Hodder & Stoughton.

"The Tempter," reprinted in chapter 10, is taken fcom *Speaking of God* by Trevor Dennis, published in 1992 by SPCK and used by permission of the publishers.

"The Miracle He Didn't Want to Perform," reprinted in chapter 11, is taken from *Wrestling with Christ*, by Luigi Santucci, translated by Bernard Wall (London: Collins, 1972).

"Burying the Burden," reprinted in chapter 11, is taken from *The Pilgrim's Progress*, by John Bunyan, edited by J. B. Wharey, revised edition by Roger Sharrock (Oxford: Clarendon, 1960).

Every effort has been made to trace and contact all copyright holders for all material quoted in this book. The authors will be pleased to rectify any omissions in future editions if notified by copyright holders.